银龄时代——中国老龄社会研究系列丛书

杜　鹏　主编

丧偶老人的居住安排研究

贾云竹／著

图书在版编目(CIP)数据

丧偶老人的居住安排研究 / 贾云竹著. -- 北京 : 中国人口出版社, 2019.12

(银龄时代 : 中国老龄社会研究系列丛书 / 杜鹏主编)

国家出版基金项目

ISBN 978-7-5101-7018-8

Ⅰ.①丧… Ⅱ.①贾… Ⅲ.①老年人-居住-问题-研究-中国 Ⅳ.①D669.6

中国版本图书馆 CIP 数据核字(2019)第 289535 号

丧偶老人的居住安排研究

SANG'OU LAOREN DE JUZHU ANPAI YANJIU

贾云竹 著

责任编辑	杨际航
装帧设计	刘海刚
责任印制	林 鑫 单爱军
出版发行	中国人口出版社
印 刷	北京柏力行彩印有限公司
开 本	787 毫米×1092 毫米 1/16
印 张	12.25
字 数	160 千字
版 次	2019 年 12 月第 1 版
印 次	2021 年 1 月第 2 次印刷
书 号	ISBN 978-7-5101-7018-8
定 价	68.00 元

网 址	www.rkcbs.com.cn
电子信箱	rkcbs@126.com
总编室电话	(010)83519392
发行部电话	(010)83510481
传 真	(010)83538190
地 址	北京市西城区广安门南街 80 号中加大厦
邮政编码	100054

目　录

第一章

导论

一、问题的提出

中华人民共和国成立以来,特别是改革开放以后,随着中国经济的飞速发展,特别是公共卫生事业所取得的巨大成效,中国人口的预期寿命从中华人民共和国成立时不足40岁增至2015年的76.3岁(中华人民共和国2015年国民经济和社会发展统计公报,2016)。与之相伴的是老年人口的有偶率大幅度提升、丧偶率持续大幅度下降:2010年我国60岁及以上老年人口的有偶率升至70.6%,比1982年增长了16.5个百分点;丧偶率则降至26.9%,比1982年下降了16.7个百分点,年均下降0.6个百分点。但是,由于我国老年人口规模巨大,且人口老龄化程度不断加深,丧偶老年群体的总体规模却不减反增。2010年我国60岁及以上的丧偶老人总体规模达到4 748万人,在1982年的基础上增加了1 411.9万人。随着我国人口老龄化程度的持续加深,在未来的几十年间,我国丧偶老年群体的规模还将进一步增长,到2050年全国丧偶老年人口的规模将达到11 840万人,是

2010 年的 2.5 倍(王广州,戈艳霞,2013)。

对于绝大多数老人而言,丧偶无疑是其晚年最具灾难性及最有压力的事件(Raveis,1999;Cicirelli,2002)。大量的实证研究显示,丧偶不仅仅是婚姻状况的改变,更是老年人晚年生活一系列变故的重要起点。配偶的离世所带来的“瀑布效应”,丧亲之痛带来的巨大悲痛可能会引发慢性病、生活自理能力欠缺等一系列的剧烈变化,往往也会导致非自愿的搬迁,即带来居住安排的变化(O’Bryant and Hansson,1995)。国内的相关研究也发现,丧偶往往成为老年居住安排的一个重要转折点(焦开山,2013)。

与子女共同生活度过晚年,特别是丧偶后的余生,在中国有着悠久的文化传统,也是传统社会丧偶老人居住安排最主要的模式。不少研究指出,在当前中国社会养老保障制度及社会养老服务体系都还相对薄弱的情况下,与子女共同居住可以显著增加子女对丧偶老人多方面的代际支持(鄢盛明等,2001;王萍,李树茁,2007),能显著改善丧偶老人的生活质量(张震,2001;曾宪新,2011;许海风,2013)。与子女同住被视为丧偶老人的一种理想的居住安排模式。但是,大量的实证调查数据却显示,在过去的几十年间,越来越多的丧偶老人并未如学者和社会公众期待的那样与子女共同居住生活,丧偶老人独居的比例在过去的 20 多年间呈现出持续的上升趋势。人口普查的数据显示,1990—2000 年,丧偶老人独居的比例从 17.1% 增至 20.4%(中国人民大学人口研究所,2005);中国老龄科研中心的全国调查数据也发现,2000—2006 年,丧偶老人独居的比例从 21.9% 增至 29.2%,6 年间增长了 7.3 个百分点(曲嘉瑶等,2011);2010 年中华全国妇女联合会和国家统计局联合开展的第三期中国妇女社会地位调查数据显示,65 岁及以上丧偶老人中有 38.8% 的人没与子女共同居住。如果考虑到子女长期外出等情况,丧偶老人实际的独居比例甚至高达 46.7%。

传统观念中丧偶会导致老人对子女有更强烈的代际支持需求。这往往是我们认为丧偶老人应与子女同住的最重要原因。但面对丧偶老人独居势头日盛而与子女同住的风头日减这一客观现实,我们不禁会问:是否我们对丧偶老人群体的认识发生了偏差?存留在我们头脑中的对丧偶老人群体的印象是否太过刻板和陈旧:依赖、孤独、贫弱、无助?中国经济社会这三十多年的飞速发展,对于丧偶老人群体的社会经济状况带来了哪些改变,他们现实的生存境况究竟如何?我们应该放下这些有色眼镜,重新去认识和了解丧偶老人,尊重他们的主体地位,倾听他们对自己晚年的居住安排是如何进行决策并付诸实践的,重新审视和探究影响他们居住安排的因素。此外,由于丧偶老人中女性占主体,对于社会经济状况存在巨大差异的男女丧偶老年人,在其居住安排上是否具有不同的应对策略?从国家公共政策的层面来看,丧偶老人居住安排的变化对国家的居家养老战略带来什么样的机遇和挑战?对上述问题答案的探寻,就是本研究的初衷所在。

本课题的研究意义可以简要归结为以下两方面:

(1)理论意义:丰富和发展中国本土的丧偶老人居住安排的理论。

(2)现实意义:通过系统深入的分析,加深对丧偶老人群体及其居住安排状况的了解和认识;深化对不同性别丧偶老人居住安排特点的了解;为建立适应国情、具有社会性别视角的扶助丧偶老人居家养老的社会政策提供依据。

二、研究设计

1. 分析框架和内容界定

本研究在内容上分为两个主要的板块:一是对丧偶老人群体的系统、全面认识;二是对丧偶老人居住安排现状及相关影响因素和性别差异状况的深入探究(见图 1-1)。

正如前文所说,对丧偶老人居住安排议题的研究,首先应该对丧偶老人群体的特征有一个深度的了解。因此，本研究第一大部分丧偶老人群体概况，主要是利用具有全国代表性的大规模、权威调查数据资料，如历次全国人口普查、中国妇女社会地位调查老年专卷、历次中国城乡老年人状况调查等，对丧偶老人群体的结构、规模和社会经济特质进行系统全面的勾画。

这部分内容的框架借助世界卫生组织2002年提出的"积极老龄化，一个政策支持框架"所倡导的积极老龄化的三大支柱，经济保障、健康与照料及社会参与，从这三方面来认识丧偶老人群体的状况。为了凸显丧偶老人群体的特点，本部分一直将有偶老人与丧偶老人群体相互比对作为一条贯穿始终的主线，通过对比来揭示丧偶老人群体的特点；为了更好地揭示丧偶老人群体内部的差异性，研究也尽可能在丧偶老人的主要社会经济特征的分析描述中，对其进行城乡、性别、年龄、文化程度和职业地位等多个维度的细分，以希通过丰富翔实的数据，帮助我们更深入细致地认识和了解当今丧偶老人群体的真实状况，打破以往对于丧偶老人群体单一、片面的刻板印象。

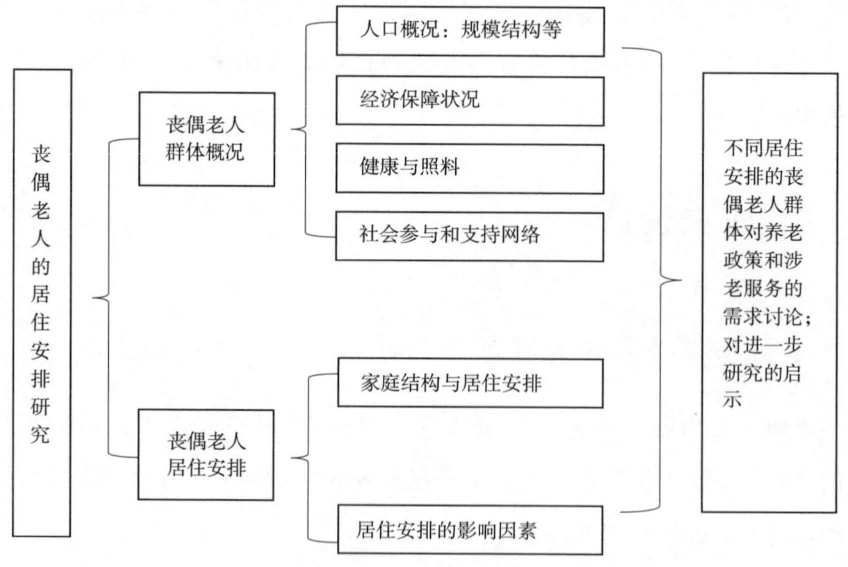

图1-1　丧偶老人的居住安排研究主体框架

第二大部分也是以大型调查数据资料为依据，深入探讨我国丧偶老人的居住安排现状及影响因素。与欧美等国家对老年居住安排研究关注重心在居住地点、场所不同，我们对老年居住安排研究更多是聚焦于老年人的家庭关系、结构这一层面。因此，这部分首先是对我国老年人口的家庭结构变迁进行了梳理，并在此基础上进一步开展更为细致的居住安排状况的分析研究。对丧偶老人居住安排影响因素的探讨，除了定量的多元统计分析外，还加入了深度访谈的一些素材，以加深对丧偶老人居住安排决策过程的了解。

最后根据研究揭示出不同居住安排下丧偶老人的社会支持需求，借鉴国外特别是具有类似文化背景的亚洲国家和地区有关丧偶老人的社会扶助的有效政策措施，提出具有社会性别意识的丧偶老人居家养老社会支持政策建议。

研究将对以下观点进行研究验证：

(1)社会性别角色和分工对男女丧偶老人的居住安排具有显著影响。社会性别理论认为，受社会性别角色和分工的影响，丧偶老年妇女往往在自身的社会经济条件方面相对弱势，同时她们又主要承担照料家庭成员的责任，出于对自身养老支持的需求和对子女给予生活照料，特别是对幼小孙子女生活照料看护的现实需要的考虑，丧偶老年妇女更可能与子女建立互惠型代际支持关系，进而促成她们更多选择与子女共同居住；而丧偶老年男性则可能更多是出于自身的日常生活照料能力欠缺而需要子女单方面的代际支持，进而选择与子女共同居住，也即可能更多是反哺型的代际支持模式。

(2)丧偶老人的社会性别观念对其居住安排具有影响。具有传统社会性别观念的丧偶老人更可能选择与子女特别是儿子共同居住。反之，则更可能独居或选择与女儿同住。

(3)丧偶老人群体不同的居住安排及社会经济条件的差异，导致其对

社会养老支持的需求也不同，国家应该重点关注独居丧偶老人中的女性、高龄、贫困和失能等最为弱势的群体，为其生存提供必要的社会支持。

创新之处：

（1）研究对丧偶老人群体特征所开展的系统分析研究，丰富了国内对丧偶老人群体现实生活境况的认识，特别是对丧偶老人群体内部差异性的揭示，弥补了对该群体研究不足的学术空白；

（2）研究聚焦于丧偶老人的居住安排，通过系统梳理国内外相关研究成果，提出了适用于中国本土的丧偶老人居住安排研究分析框架，深入探究影响不同性别丧偶老人居住安排的主要因素，填补这一研究议题的空白；

（3）研究贯穿社会性别的视角，定性与定量研究相结合，深化对丧偶老人居住安排社会性别差异的认识，推动了我国女性主义老年学的发展。

2. 研究的理论/视角

丧偶老人是一个以女性为主体的群体，其突出的女性化色彩使得课题组在课题设计之初就确定本研究中将秉承女性主义老年学的基本理论立场，将丧偶老人群体的分析、居住安排的决策过程的研究置于社会性别的视角下来进行分析解读。

（1）女性主义老年学/社会性别视角

①女性主义老年学

长期以来，沿袭了欧美主流社会学研究范式的社会老年学，在相关理论、框架的构建中，往往忽视女性的经验，角色理论、活动理论以及延续理论等社会老年学的经典理论均把男女的老年经验混为一谈（Fry，1992；Lynott & Lynott，1996；Ray，1996；Hooymam & Kiyak，1999）。为了纠正和弥补老年学主流研究中对老年群体社会性别关系研究的缺失，在西方女性主义第二次浪潮的冲击和带动下，20 世纪 70 年代中期，西方一些具有女性主义思想的老年研究者开始将社会性别视角引入老年学的研究，并逐渐形成了女性主义老年学（feminist gerontology）这一学术流派。

女性主义老年学是秉承以社会性别视角来研究老年问题的一种范式。这一学派认为，社会性别关系是动态的、社会构建的权力关系；这种权力关系根植于社会的进程之中，并在社会背景中被制度化，从而给生活带来重大的影响（Calasanti & Zajicek，1993；Glenn，1999）。这些权力关系往往给予男性以特权，而将女性置于不利的境地，而这种不平等的权力关系往往被视为“自然的”社会性别差异。女性主义中的结构倾向则鼓励批判性、建设性地揭示特定的自然、历史和文化情境中关于女性的理所当然的观点（Olesen，2003）。揭示和凸显老年群体社会结构中的这种被人们“熟视无睹”的性别偏差，是女性主义老年学的一个重要目标。

因为性别关系本身是相互的，故而女性主义老年学的研究对象并不局限于老年妇女，它同样也关注老年男性的经验，关注男女老年人在社会性别关系中的互动，以及这一权力关系对男女老年人的不同影响（Calasanti，2004）。例如，承担一定的家务劳动是男女老年人退休后的共同经历，但是对于大多数女性老年人而言，承担家务劳动是她们的责任和义务；而对于许多老年男性来说，承担家务劳动是他们退休后自己对自由时间利用的一种选择，是对妻子家务劳动的“分担”和“帮助”。正是这种家务劳动的差异性性别分工，导致了男性老人在休闲场所的选择中对“家”有截然不同的感受：对于女性老人，在家需要处理大量的家务杂事，因而待在家中她们很难体会到彻底放松的休闲感觉；但老年男性则不会受到家务琐事的烦扰，待在家中也可以完全地放松享受自己的闲暇和自由时间。正是通过对男女两性的相互对照和比较，我们才能看出社会性别关系是如何影响到他们的生活、社会行为。基于上述的观点，我们可以推测在丧偶后的居住安排选择上，男女老人的选择，也同样会受到基于其社会性别角色所塑造的生活方式差异的影响，男女老年人对居住安排选择的动机和策略安排上会有所不同。

此外，许多女性主义老年学者认识到社会性别关系是与其他社会不平等的权力关系相互交织在一起的，如种族、民族、阶层、性取向等。这些权力关系是交错融合在一起共同作用的，而非一个一个简单地附加上去。对社会性别关系复杂性的认识，使女性主义老年学提出应该以一种“多维度压迫”的新观点来看待老年群体的差异性（Calasanti & Slevin，2001；Estes，2001； Mc Mullin，2000）。同时，从生命周期的角度，女性在晚年所面临的诸多不利也是长期“累积效应”的体现（裴晓梅，2006）。在我国，这种交互性和复杂性的关系，更多地体现为城乡、职业层次、地域、年龄等与社会性别的相互交织和影响。笔者在研究中，也尝试以这种多维度的视角来理解和解释当前我国老年群体差异性（贾云竹，2007，2008）。

②女性主义老年学对老年妇女研究的立场演进

对老年妇女弱势境况的片面强调

虽然经过30多年的努力，但具有社会性别视角的研究成果在老年研究中依然处于极其边缘的境地（Marshall，2006；霍曼、基亚克，2007）。而这个边缘化的研究领域中，对老年妇女的弱势地位的揭示，成为当前老年研究中涉及性别议题的一个突出特点。国内外大量的定量分析揭示了在老年群体中，相对于老年男性而言，老年妇女在经济保障水平、健康状况、医疗保障、家庭地位等诸多社会资本的存量上处于明显的劣势和不利境况（贾云竹，2016）。大量实证数据所勾画出的老年妇女的弱势状况，强化了学术界及社会公众对老年妇女的负面刻板印象：衰弱、贫困、消极、抑郁、愚昧无知、依赖性强、缺乏主见等（Browne，1998；Garner，1999）。而她们对不利社会性别关系的调适和反击，以及现实生活中表现出来的积极方面则在很大程度上被忽视了（Knodel，2005）。

重新认识老年妇女

近年来，随着对老年妇女群体生活经历研究的深入，人们逐渐意识到老年妇女的顺应力、适应性以及权力等,而不仅仅是弱势的单面人。女性主义老年学者开始反思研究中呈现的有关老年妇女群体的这种负面刻板印象。许多研究者观察到现实生活中有越来越多的老年女性通过保持参与、探索、活跃生活中的意义和精神上的适应来应对与年龄相关的一些丧失。许多女性在逆境面前表现出非凡的适应力。一生中照顾他人的经历往往使得女性擅长建立和维持友谊,这会为其提供社会支持和关怀(Hooyman & Kiyak,2007)。跨文化的研究表明,年龄允许不同文化的女性经历更多的自由,变得更为主导和更有权力,在行为和流动方面受限更少,有更多参与家庭外部角色的机会(Markson,1999)。

基于此,女性主义老年学者发出了要"重新发现、重新评估女性的经历,并把这些带到公共观点之中。而女性的一些经历一直都被模糊、遮盖或者贬低,因为它们被认为没有社会意义或者在道德上不相关"(Furman,1997)。"重新认识"老年妇女,揭示她们在现实生活中呈现出的开朗、活跃、更有激情和积极的生活状况。对老年妇女表现出的对现实生活压力和困境的良好的顺应能力(resilience)和适应性(adaptation)的关注,成为女性主义老年学的一个新的学术增长点(Ramsey & Blieszner,1999;Kinsel,2005)。

与此同时,女性主义老年学者通过社会性别视角对老年男性生活境况进行洞察和研究(Calasanti,2004)。相关研究发现,老年男性虽然在性别关系中处于强势的一端,但他们的生活也深受其性别角色的束缚和影响。他们晚年的生活也并非一定就比在诸多个人和社会资源方面处于劣势的老年妇女更美满如意(Fleming,1999)。

近些年笔者一直致力于用可获得的最新定量调查的数据来揭示和呈现当下中国老年妇女在诸多社会资本存量上的弱势地位和状况,以期能为相关的老年社会政策制定提供具有社会性别视角的政策建议,能为改善老年妇女的生存现状有所裨益。但随着对老年妇女研究的深入,在不断强调老年妇女弱势地位的时候却发现，那些在诸多社会资本指标上处于明显弱势地位的老年妇女，现实生活中却往往呈现出比比她们强势的老年男性更开朗、活跃，拥有更有激情和积极的生活状况。重新认识老年妇女，特别是在诸多文化习俗中被污名化甚至是妖魔化的丧偶老年妇女，揭示她们在应对生活的困苦时所具有的坚韧与智慧，如何在失去配偶后积极调适和寻找生活的意义，活出晚年的尊严和美好，这也是本研究的一个目的。

(2)个人—环境视角

个人—环境视角(person - enviroment perspective)作为社会老年学考察老年人问题的重要视角，在丧偶老人居住安排研究这一议题上具有很强的指导意义。个人—环境观点认为，人与其所处的环境之间是一个相互作用，彼此适应、协调的动态过程，环境本身是不断变化的，生活其间的个人的需求也会随着环境的变化而不断调整、适应自己的行为。但与此同时，个人也会通过各种努力去改变环境(如修改或制定新的政策、发明创造新的工具等)。

丧偶会带来生活境况的诸多改变，给老年人的生活带来巨大的压力。丧偶老人的居住安排本身就是老年人在适应因丧偶而带来的家庭关系、经济保障、身心健康、照料支持以及社会支持网络，包括亲子关系等“环境变化”的动态过程。关于人与环境的相关理论对丧偶老人居住安排研究的启示，我们将在文献回顾部分做进一步的阐释和梳理。

三、研究方法及数据资料

本研究主要采用文献研究、调查数据定量分析、访谈资料定性分析相结合的方法，对我国丧偶老人群体的基本生活状况、居住安排影响因素等进行系统分析。

1. 文献研究

广泛收集国内外有关丧偶老人居住安排状况及影响因素的相关文献、中国对丧偶老人的社会支持、福利保障的法律、法规、政策文件等资料，并对上述资料进行系统的梳理、剖析，是构建和完善本研究的分析研究理论框架的重要基础。

2. 定量分析研究

为了能够较为全面地了解我国丧偶老人群体的特征和居住安排现状，本研究首先是利用大规模的权威数据对丧偶老人群体及居住安排状况进行深度的描述分析，通过二元甚至是更多维度的描述分析，力图勾画出当下我国丧偶老人群体的真实生存现状，也为进一步地深入探究影响其居住安排的主要因素奠定基础。

在深度白描的基础上，研究还将采用 logistics 回归等多元分析统计方法对丧偶老人居住安排的影响因素、丧偶老人健康状况与社会支持状况等的关系进行深度探讨，以探讨相关主要变量与丧偶老人和其居住安排之间的独立关系，深化对相关议题的认识。

相关数据资料：

国内现存的可获取的大规模、高质量的相关老年群体的问卷调查数据资料，主要包括：

(1)国家统计局历次全国人口普查相关汇总数据资料。

(2)第三期中国妇女社会地位调查老年专卷数据。

国家统计局与中华全国妇女联合会在 2010 年联合开展的“第三期中国妇女社会地位调查”(以下简称 CWSS)老年专卷的数据是本研究最重要的数据资料。该调查采用分层多阶段不等概率的复杂抽样设计，通过各级接受过严格调查培训的妇联干部为主体的调查队伍，对全国除港澳台外的

31个省、自治区、直辖市的近10万户家庭进行了入户调查，最终采集到94 734份有效样本。其中，65岁及以上老年样本10 575份，含有丰富的关于居住状况、意愿、代际支持、养老和社会性别观念等方面的信息（相关调查问卷参见附录1）。为增强样本的全国代表性，老年样本数据库根据抽样方案进行了加权处理，同时也根据第六次全国人口普查老年人口的城乡、性别分布状况对权数进行进一步的修正。数据在老年人年龄分布、城乡结构、受教育程度、婚姻状况等基本信息上与人口普查数据及国内同期老年大型综合调查数据具有较好的吻合度，是一个质量较高的老年数据资料。

此外，本研究还使用了中国老龄科研中心2000—2010年实施的三次中国城乡老年人口状况调查数据以及由北京大学国家发展研究院主持，北京大学中国社会科学调查中心与校团委共同执行的"中国健康与养老追踪调查"（简称CHARLS）等数据资料对研究课题进行了论证支撑。

3. 质性研究

质性研究在本质上是多种方法的聚焦（Flick，1998，转自风笑天等译，2007），其主旨就在于发觉当事人的经验，从当事人的经验、角度来了解他的世界，而不是用一些社会上或学术上的、已存在的偏见或刻板印象来了解或评断一个社会现象或一件事例。这对那些向来没有机会使他们的经验被包括在知识体系内的弱势群体特别有意义，也意味着既有的知识内容会受到新的知识内容、视角的冲击（熊秉纯，2001）。质性研究重在分析意义的构建和日常的生活经历，特别适合于研究行动目标的可视性、文化的挑战以及自我的测定（邓津，林肯主编，风笑天等译，2007）。社会性别研究以构建和剖析社会性别权利关系为主旨，其发展本身便是建立在对传统实证研究，特别是对宏大解构和数据迷信的定量分析研究解构的基础之上。发端自20世纪60—70年代的女性主义研究，其本身便是质性研究的一股主要动力。本研究以女性主义老年学和社会性别视角作为研究的理论和基本立场，也将秉承以质性研究为主的研究方法来对研究议题进行探讨。

在中国，丧偶老人的居住安排往往是一个需要丧偶老人自身及其主要家庭成员——特别是具有赡养义务的子女等共同参与协商、决策的家庭公共事务，而非完全由丧偶老人个体来独立决策的私人事务。同时，对于丧偶老人而言，其居住安排也是一个动态的过程，自身健康状况的变故或其他家庭成员婚姻状况的变动等都可以导致丧偶老人居住安排重新布局。定量分析研究往往难以呈现丧偶老人居住安排状况的这些特性。因此，本研究通过对30多位生活在不同地域、具有不同人口和社会经济特征的丧偶老人及8位有偶老人和主要家庭成员的深入访谈，重点了解男女丧偶老人及其家庭对丧偶老人的居住安排的决策是如何做出的。同时，使用社会性别的理论对访谈资料进行深入分析，揭示社会性别对丧偶老人居住安排的影响。

此外，对于选择入住养老机构的老人，我们也进行了相应的田野调查和访谈，为较全面地揭示丧偶老人的居住安排现状提供了第一手资料。

资料：

（1）田野调查：2013—2016年，笔者以北京市西城区的一个成熟的中档居民社区为田野调查的观察点，对该社区老年人的居住安排状况、社区养老服务、设施及项目等进行了追踪观察和深入研究。此外，2014—2016年，对北京市东城区朝阳门街道的一个社区照料中心、北京市第五福利院等机构进行了参与式观察。通过与照料机构相关负责人、工作人员及入住老人的深入沟通，了解入住照料机构的老人居住安排变动的决策过程和主要影响因素。

（2）深入访谈：为了深入了解丧偶老人居住安排的决策过程和现实居住安排的主要影响因素，课题组于2014—2015年对生活在北京、四川、江苏三个省市不同城乡、具有不同社会经济特征的32位丧偶老人和8位有偶老人及其子女进行了深度访谈，了解他们现实的居住安排状况、家庭成员关系以及进行居住安排时最主要考虑的一些因素，力争通过定量与定性资料的结合，能够较为完整地将当前我国丧偶老人在居住安排上的特质和主要影响因素挖掘出来，为相关公共政策提供科学的决策依据。人均访谈时长在一个半小时左右。

所有深入访谈和焦点组座谈的资料均使用电子录音笔进行了记录，并由笔者独立完成有关录音资料的文字记录和整理。通过对访谈资料的深入解读，对丧偶老人居住安排的决策过程及影响因素进行了分析研究。

第二章

文献回顾

一、有关丧偶老人的研究评述

1. 丧偶的文化习俗与制度规范

(1)不同文化中的丧偶习俗规制

对不同文化中对待丧偶者的文化习俗研究是人类学的一个重要议题，相关的研究成果也较为丰硕。配偶死亡带来的婚姻契约的解除以及相关社会责任和权利的重新协商，在不同的文化中会对男女两性在社会、经济、性、法律以及感情等许多方面带来不同的后果。在大多数文化中，男性丧偶后并不会遭遇明显的限制，他们会有更多再婚的可能，从而较快地结束鳏夫的身份(Lopata,1979;郑真真,2001)。而对于女性丧偶者，即通常所说的寡妇，她们的社会地位、经济地位，甚至基本的人权等，却常常会遭到不同程度和形式的剥夺。

在许多文化中会要求寡妇穿特殊的服饰，以将她们从普通社会群体中分离出来,然后予以隔离,并被人视为低人一等,这一现象非常普遍。如在正统的犹太族和严格的婆罗门等许多文化中,都要求寡妇剃去自己的头发,尼日利亚则要求寡妇放弃洗浴,或者只能饮用清洗过自己丈夫遗体的水(Owen,1996)。在印度,对一个妇女来讲,寡居可能是最可怕的事情,她被视为带来厄运的煞星。中国古代用立"贞节牌坊"来表彰那些为死去的丈夫守寡、保节不再婚嫁的寡妇。印度教中的"殉夫自焚"(Sati 或 Suttee)风俗,即烧死寡妇。举行葬礼时,要求寡妇自己跳到火葬其丈夫用的柴堆上。虽然"殉夫自焚"早在 1829 年便已经被法律所禁止,然而直至今日,印度还时有这类新闻报道见诸媒体。

在一些非洲和中东的社会中,有一种寡妇与亡夫的兄弟结婚的习俗(levirate)。这时,人们会要求寡妇与其死去丈夫的兄弟中的一个结婚,这样寡妇会继续属于其丈夫的世系。而很少有娶姨制(sororate)的习俗,该习俗要求鳏夫与其死去妻子的姐妹中的一个结婚。

在许多社会中,对寡妇的贞节有着严格的控制和规定。大多数的宗教有关于寡妇的再婚以及贞节的规定。另外,人们还要求寡妇负责照看其丈夫的亡灵。在一些印度教种姓社会和一些非洲族群中,如果一个寡妇对某一个异性表现出任何的兴趣,可能会被人们视为妓女或女巫,并将受到严厉的惩罚(Owen,1996)。这一规定是与财产和继承有关的。在人们平等分享财产权利的社会中,以及在寡居之前妇女已经取得独立和较高地位的情况下,寡妇就不太容易遇到人们在社会和经济上进行的惩罚。从个人自由及独立的角度上讲,寡居还可以为女性带来正面的影响,特别是在寡居的妇女拥有自己的财产或者一无所有的情况下更是如此。在印度,没有土地的人群中,妇女成为寡妇后,享有更多的自主性。

(2)与丧偶有关的制度规制

大部分的西方国家为保护寡妇和孤儿特别制订了各种计划和政策。在那些正在进入工业化的国家中,只有少数具有特权的人能够享受寡居补助金。可以支配的收入是相对不足的,还可能会被自己的姻亲所抢夺。某个寡妇能否享受寡妇补助金,往往取决于其丈夫的职业和社会地位。比如,在以色列,已故军人或警察的妻子将享有特权。

中文中"寡居"一词,特指丧夫独居。《史记·外戚世家》:"是时平阳主寡居,当用列侯尚主。主与左右议长安中列侯可为夫者,皆言大将军可。"宋沉俶《谐史》:"时有海州杨允秀才妻刘氏寡居,二子皆幼。""老而无妻曰鳏"。——《孟子·梁惠王》,中国古代的"鳏寡"也即今天所谓的丧偶者。

早在《礼记·礼运》的《大同篇》中便已有:"……使老有所终,壮有所用,幼有所长,鳏寡孤独废疾者,皆有所养。"这是儒家设想的所谓"大同世界"的景象,家庭养老在中国历史上不断被统治者所强化。例如,在秦汉魏晋间,父祖在而子孙别籍异财,另立家庭,不受处罚;而自隋唐以后,则明令禁止。再如,秦汉之世,子孙不孝,父祖不得私自用刑,应向官府告发,由官府收审、判刑;而清律则授予父祖惩治不肖子孙的权力,直至处死(刘德增,1992)。丧偶老人与子女共同居住、接受子女提供日常生活照料,已经是一种普遍为世人所遵从的社会风俗和生活方式。丧偶老人如果没有子女侍奉而处于独居状况,国家将对其进行相应的照料、支持,而如果是有子女却处于独居状态,则其子女会因为没有尽到对老人的孝敬职责而遭到严厉的法律制裁和惩罚。"少而无父谓之孤,老而无子谓之独,老而无妻谓之矜,老而无夫谓之寡"是"天民之穷而无告者也",所以"皆有常饩"([清]孙希旦,1989)。就是说:朝廷对他们有定期的馈养。这些政策制度为丧偶者提供了基本的生活保障和救助渠道,确保了他们在配偶离殇后的生活能够得以维续,不至于陷入绝境。

2. 关于丧偶老年群体特性的相关研究

配偶的死亡可能是老年人经历的最具灾难性及最有压力的事件,这种

事件的发生会将一个人的自我概念改变为“无配偶的身份”(Cicirelli, 2002)。无论对于男性还是女性来说,寡居不仅仅意味着失去亲人本身,还意味着生活的巨大变化:失去了共同经历的过去和未来;失去了婚姻的角色及地位;失去了伙伴关系,社会网络及一位知己;对于一些女性而言,失去配偶更意味着失去了经济保障(Benedict et al. ,1999; Cicirelli,2002)。一些研究表明,在美国,寡妇的人数是鳏夫的5倍(Hooyman et al. ,2005)。丧偶群体的女性化倾向也同样在我国出现,这是丧偶群体的同质化特点。与此同时,丧偶群体的内部异质性特点也较为突出。因此本部分主要梳理了丧偶老人群体特征的同质性——女性化以及异质性特征。

(1)丧偶群体的女性化

正如前文所述,生活在不同经济、社会、文化背景下的丧偶老人其所面临的生存境况也会非常不同。但从人口学的视角来看,不同地域和社会经济背景中的丧偶老人群体也同样存在一些类似的特质,呈现出较强的同质性,如丧偶群体普遍存在高度女性化的特点。在多数国家,丧偶老人中女性所占比例往往达到70%甚至更高。由于受到性别、年龄及婚姻等多重的歧视,丧偶老年妇女的生活往往面临比男性更为严峻的挑战,是更为脆弱的一个群体(徐勤,1995;宋健,2001;van den Brink et al. ,2004)。日本学者上野千鹤子有感于日本社会中越来越多的丧偶老年妇女的存在,其对于老年妇女如何应对由于丧偶带来的生活变故的指导性读物《一个人的老后》,成为大受社会公众欢迎的畅销书。

正是基于对丧偶群体特别是女性丧偶者艰难生存现状的认识,联合国大会于2010年12月21日通过决议,决定将2011年6月23日设为第一个“国际丧偶妇女日”。联合国秘书长潘基文在2016年6月23日发表声明称,全世界现有约2.59亿丧偶妇女,近半数生活贫困。丧偶妇女往往被家庭和社区成员鄙视,许多人因年龄和性别饱受歧视,有些人还遭到身体虐待和性虐待。声明中称,老年丧偶妇女通常终身辛苦工作却得不到报酬,晚年还没有多少经济资产。即使是在发达国家,妇女退休金的数额可能比男性低40%。而年轻的丧偶女性则面临其他困难,如她们作为户主必须养育儿女,但其"经济机会"却非常有限。联合国2030年可持续发展议程承诺不让任何一个人掉队,这对于最被边缘化和孤立的丧偶妇女来说,尤其能引起她们的共鸣。"值此'国际丧偶妇女日',让我们一同承诺,确保丧偶妇女能引起社会更多关注,支持她们过上有生产能力、平等和愉快的生活。"

(2)丧偶群体的贫困化

丧偶人群,特别是女性丧偶者往往会因为配偶的离世而陷入经济上的危机,大量的数据显示丧偶群体的贫困率显著高于有偶的群体(杨菊华,2011;杨菊华、谢永飞,2013)。在日本,80岁及以上的女性贫困率达到55.5%,男性为42.6%,其中绝大多数是丧偶老人(日本国民生活基础调查,2007)。

但是,目前还不清楚寡居生活对男性更加困难还是对女性更加难以忍受。对于寡居生活的处理或适应,无论对于男性还是女性而言,都与其收入状况有关。在经济来源、受教育程度、面临的法律问题和再婚可能等方面,老年寡妇的状况比起鳏夫可能会更差些。然而,有些女性并不在经济或者社会支持方面依赖于男性。由于女性比起男性通常具有更加多样、广泛的朋友圈子,且由于寡居更可能出现在女性身上,所以老年妇女经常会与其他寡居女性一起形成一个社会支持网络。这种友谊有助于弥补丈夫的去世带来的陪伴空白,并能够使她们更加容易适应独居生活(Hooyman et al.,2005)。

(3)丧偶老人的异质性

随着对丧偶群体研究的深入,丧偶群体不再被视为同质性的特殊群体,其内部的差异性日益被揭示出来。特别是基于后现代结构主义思潮下的批判老年学的立场、女性主义老年学等强调的在研究中将对象置于主体地位、让研究对象自己发声等多元化研究方法的逐步渗透,人们日益认识到丧偶老人的生存境况因其不同经济社会地位、文化、年龄、宗教信仰、个性等差异而呈现出丰富多元的状态。对丧偶老人群体的认识也从相对负面、单一的"虚弱""贫困""孤独""弱势"等限定词中摆脱出来,"顺应力""坚韧""乐观""参与""互助"等特质开始越来越多地被用于描述丧偶老人,特别是丧偶老年妇女群体(Nancy et al. ,2011)。

(4)丧偶老人的身心健康

国外对于丧偶老人的相关研究中,丧偶老人的身心健康是一个突出的热点。学者们从心理学、医学、生理学、社会学、人口学等诸多领域对其进行大量的研究。丧偶会影响人的生理、心理健康以及死亡率(Nieboer, Lindenberg, and Siegwart Ormel,2005; Baveis,1999)。同时,许多社会心理因素也会冲淡丧偶事件所带来的消极影响(Bennett,1997)。很多研究表明,配偶去世后,个体的健康状况和健康自评会下降,且死亡率和自杀率有所上升。在最初的阶段,其身体疾病的发生率会更高,精神状态和心理状态也比较差,但在一段时期后,这种生理上及心理上的健康问题会大大减少(Rosenzweig, et al. ,1997;Turvey, et al. ,1999)。然而,尽管存在着种种压力,丧偶的过程通常给人们带来的是顺应力和有效处理情绪和事情的能力,让人们感到自信、有效以及在短期抑郁和悲伤过后的个人成长(Utz, et al. ,2002;Worden,2002)。

国内已有的相关实证研究显示,丧偶对幸存者的生理、心理、社会关系、支持网络等都会带来负面的冲击或影响。相对于有偶老人而言,丧偶老人在自评健康(曾毅等,2011)、心理健康(王光海等,2004;陈立新等,2008;米峙,2011;赵忻怡、潘锦棠,2014)、慢性病罹患(顾大男,2003;曾毅等,2011)、死亡风险(焦开山,2010;黄庆波,2014)等方面都差一些。同时,其经济安全、贫困等方面都显著地面临更大的风险(Circirelli,2002;徐勤,2002;王莉莉,2011;杨菊华,2011)。婚姻的保护机制对于有偶老人与丧偶老人的差异性最为普遍(Martikainen and Valkonen,1996;Scafato,et al.,2008)。但这一理论本身的论证还存有较多的争议。陈华帅等(2009)对不同婚姻状况老年人健康存量的演化路径进行数据的模拟,尝试以量化分析的方式来呈现婚姻对老年人健康的保护效益(见图2-1)。在这样的视角之下,更多的学者从社会工作角度探讨丧偶老人的抚慰机制和心理重建问题(栗志强,2007)。

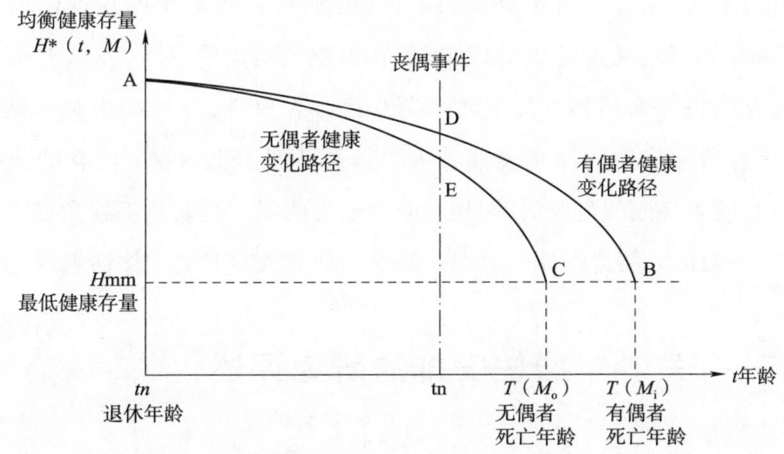

图2-1　健康存量演化路径及丧偶事件的冲击性影响

资料来源:陈华帅,华强,2009. 婚姻对老年健康与存活影响的经济学理论研究[J]. 中国卫生经济,(10).

从总体上看,丧偶事件对老年人的影响是负面的,但对于不同丧偶老年群体的影响却存在着异质性。例如,新丧偶对低龄老人死亡风险的影响要远大于对高龄老人的影响(焦开山,2010)。虽然丧偶老人抑郁症状的检出率显著高于有偶老人,但年龄、上学年数、孤独感或社会交际、经济有无保障、有无慢性疾病和日常生活是否需要照料以及社会支持可以预测城市丧偶老人抑郁症状变异的一部分(Lydia et al.,2005;陈立新,2008;桂全林,2010)。参与社会活动可以有效缓解丧偶女性老年人的抑郁状况,但对于男性而言这种效果并不明显(赵忻怡等,2014)。

此外,从国内有关丧偶老人群体研究的议题来看,有基于全国性的宏观人口普查数据对丧偶群体进行了宏观概况的描述(丁志宏等,2006),也有对一个城市丧偶老人群体社会经济特征的相对系统的揭示(林湘华,2007)。另外有对丧偶老人再婚(马金,1998;郑真真,2001)、经济安全(徐勤,2006;王莉莉,2010)等的研究。方法上主要还是以定量的数据分析为主,定性访谈的研究成果则相对缺乏。

总的来看,相对于国外对丧偶群体,特别是丧偶老年妇女群体所开展的众多不同学科、视角的研究成果,国内社会老年学界对于丧偶老年群体的研究在学科方面还相对集中在医学及社会人口学,多样性相对不足。同时,从已有研究成果对深化丧偶老人群体认识的角度来看,已有的成果往往停留在较为表面的情况揭示,相对而言较为薄弱。其研究的视角和立场也仍然以“待救助的弱势群体”为主导,缺乏丧偶老人自身的主体性表达。

二、有关老年居住安排的研究评述

老年人的居住安排是社会老年学的一个重要议题。它犹如一个可以折射老龄社会诸多问题的棱镜,透过它不仅可以洞察老年人的生活状况,成为政府制定相关老年政策、合理配置社会养老资源的参考和依据,更是养老企业进行养老服务产品设计、资源配置的重要基础信息。本部分先就居住安排进行简单界定,进而基于国内外对于居住安排研究的不同侧重,分别对国内外老年居住安排的理论探讨和实证研究进行梳理。

1. 老年居住安排的类别划分

不同学者对于居住安排的界定不尽相同,且国内外研究者的侧重点亦不尽相同。相对于欧美对老年居住安排的关注侧重于老年人对居住的地点、环境设施、服务等外在条件的选择,即“住哪里”(in where)的问题,国内有关老年居住安排的研究则多侧重于家庭结构和家庭成员的关系，即“同谁居住”(with who)。

(1)美国老年居住安排的划分类型

在美国经典的社会老年学教材——南希·胡里曼等所编著的《社会老年学：多学科的视角》一书中，作者将美国老年人的居住安排按照房产性质和配套服务的差异，大致区分为独立居住、规划居住、集体居住、持续护理退休社区和养老院五大类别：

在自有住房中独立居住，实际上这个独立是相对于入住机构或搬迁到养老社区而言，即留在自己原来的房屋中继续生活，也即我们所熟悉的“居家养老”(Ageing in living place)。这种居住安排可以是老年人一个人独居，也可以是夫妻空巢，还可以是与子女或者亲友同住等诸多情况。

独立居住这种居住安排模式对于老年人而言，因为是在自己熟悉的环境中，故环境适应压力相对较小，老年人的独立自主性得到充分的体现。但是，随着老年人生理功能的衰退，这些自有住房往往会因为缺乏相应的适老改造、设施也相对陈旧而给老年人的生活带来不便，且维护费用也不低。随着人口老龄化程度的不断加深，独立居住老人群体的规模也在持续增长，针对这些老旧私有房产的内部设施的适老改建需求增多。社区也在援助独立居住老年人的服务方面进行了很多的努力，让尽可能多的老人能够在自己熟悉的家中安度晚年。

其他的几种居住安排模式分别为：规划居住、集体居住、持续护理退休社区及养老院。这几种模式都是为满足不同社会经济状况老年人的需求而设计开发的。相对于独立居住而言，这些居住模式都在设施及公共服务方面进行了专门的适老设计和配套。这些不同的老年居住安排模式所针对的老年人群不同，也都各有利弊。表 2－1 将各种居住安排的特点和利弊简要汇编如下，以供参考。

表 2－1　美国老年人的居住模式比较

	产权	设施	服务	利	弊
独立居住	自有	陈旧	自理	独立自主性强	维护费用高
规划居住	政府 开发商	宜老	公共服务 半自助	有效改善低收入者 生活品质	加深与其他 社会群体的区隔
集体居住	政府 开发商	宜老	半自助 商业化	适合中高收入阶层	费用较高
持续护理 退休社区	自有 租赁	宜老	提供专业 护理服务	护理服务完善， 适宜高收入群体	费用较高
养老院	租赁	宜老	提供全 方位服务	适宜高龄、不能 自理者、长期护理	费用较高

大量的实证数据显示，独立居住长期以来都是大多数美国老人的第一选择，入住机构和相关设施养老的老年人仅占 5% 左右。从人口老龄化先发的日本和中国台湾地区来看，老年人机构养老的比例甚至都不超过 3%，社区养老的比例则更低，居家养老部分是绝对大头（见表 2－2）。这提示我们，脱离家庭的老年人照护既不理想也不现实，发展居家养老服务，弥补和维持家庭的作用仍然十分重要。

表 2－2　日本和中国台湾地区的养老格局（%）

	日本	中国台湾
居家	96.00	98.25
社区	1.08	0.12
机构	2.92	1.63

资料来源：日本厚生劳动省 2012 年 7 月；中国台湾地区“卫生福利部”2013 年 12 月。

在不同的居住方式中，独居老人被视为一个高风险群体，也是相关研究和政策制定者们最为关切的一个群体。相对于与他人同住的老人来讲，独居老人较多地表现出忧郁、孤单以及睡眠问题，在紧急事件发生时如果缺乏及时的协助，则可能遭遇较高的风险，导致不稳定的居住安排或机构化照顾。但随着研究的不断深入，独居群体的异质性也被揭示出来（Hays

& George,2002)。然而,独居人口并不等同于机构化的高风险群。Iliffe(1992)主张,虽然高危险群涵盖部分的独居者,但更大比例的独居者是不应被列入高危险群中的。正如Choi(1996)主张的,虽然很多针对老人群体的研究是采取“独居”及“非独居”的二分法,但这种分类法是忽略了非独居的异质性。同样的,本研究也认为“独居”老人的异质性应被相对重视,特别是根据独居老人的相关研究来制定规划社会政策与社会福利方案时更应当注意这一异质性。

相对欧美较为成熟和多元的老年居住安排模式,中国专门针对老年人设计开发的集中居住社区还处于起步阶段,养老机构的床位也非常有限,绝大多数老年人是基于家庭的“居家养老”的模式。这也是中国对于老年居住安排的研究目前多聚焦于老年人自身及其与子女家庭之间的关系分析,而鲜有关注老年人与适老社区、机构之间的关系的研究的原因。目前,后者主要是从建筑学等角度探索符合老年人需求的居住环境设计与适老化改造(周燕珉等,2015)。

(2)中国对老年居住安排的划分类型

国内社会学、人口学领域的学者对老年居住安排的研究主要从两个维度进行:一是老年人的实际居住安排状况,在这个维度上学者们主要是关注老年人的家庭结构,通常以老年人是否与子女共同居住作为分界点,将老年人的居住安排划分为与子女同住及空巢独居两大类型;二是老年人的居住偏好或居住愿望,也多侧重于老年人是否希望与子女同住进行测度和研究。大量的研究揭示,老年人对于居住安排的偏好和预期是影响其实际居住安排的重要心理原因,它直接影响对现实居住状况的满意状况,是决定其是否改变当前居住安排的重要驱动力。总体而言老年人的居住意愿和实际的居住安排之间存在较强的关联性:一方面老年人的居住意愿会在一定程度上对其实际居住的安排有影响,另一方面老年人对其现实居住安排是否满意和认可也会反过来修正或强化其居住意愿(曾宪新,2011)。

考量家庭结构与代际关系，通常将老年人的居住安排划分为5种类型：独居户（仅老年人一个人的家庭户）、与配偶同住的夫妻户（也称空巢）、与子女同住的二代户、隔代户（共同居住生活的家庭成员仅有孙子女，子女一辈缺位的家庭户）以及三代及以上户（共同居住和生活的家庭成员至少有子女、孙子女的大家庭）（马有才等，1986；陈铭卿，1986；王建平等，2003；阎云翔，2006；王跃生，2010；马春华等，2013）。目前很多研究者将一人独居与夫妻空巢均视为独居。但笔者认为，一个人独居与夫妻两人的空巢独居，其当事人所面临的生活压力和社会支持是有显著差异的，不能混为一谈。故本研究还是坚持“独居”老人是指家中仅老年人一个人生活，无子女及亲朋同住的情况；而空巢则是夫妻双方均健在，没有子女与其共同生活的老年人家庭。

实际上，随着中国经济社会的剧烈转型，人们的生活方式和养老观念发生了深刻的变化，老年人的居住安排模式也开始呈现出日益多元化的发展态势。类似于欧美等的养老社区、机构养老等模式也在逐渐兴起。但客观上而言，这样的居住安排模式在整个老年人口的总体规模中所占比例还极其微小。故在本研究中，我们对丧偶老人居住安排的研究也是基于中国现实的国情，更多是关注丧偶老人与谁共同生活这样的一种“居住安排”。更确切地说，主要考察丧偶后的老人是与子女共同生活，还是与子女分开居住，独立生活。希望通过深入的研究，揭示影响丧偶老人居住安排的主要因素，及不同居住安排状况下丧偶老人对社会养老服务的需求和实现情况。

2. 国外有关老年居住安排的理论简述

老年人的居住安排和家庭结构状况是反映老年人生活方式和福利需求的重要指标。在西方国家，它被作为分析和评估老年人对正规和非正规照料服务利用，以及健康和福利状况的一个重要的基础性信息（Hays，2002）。

在养老和照料社会化程度相对较高的美国，学者们相对关注老年人居住地的选择，如去退休照料社区、护理院，还是在自己家里。同时研究也更多关注老年人与其居住环境、居住条件的适应性等议题（Hooyman & Kiyak, 2005）。美国老年居住安排的变更更多是与老年人自己的退休、丧偶及健康状况的变化相关联（Judith, 2002）。相对而言，中国老年居住安排的变更除了丧偶和健康变化外，还在很大程度上与代际关系，特别是子女的婚育、孙子女的照料等代际支持需求相关联（王萍等，2014；贾云竹，2014）。

（1）居住安排相关理论

有关老年居住安排的研究多基于以下三个理论：一是迁移理论，二是个人—环境协调理论，三是个体的健康行为理论（Judith, 2002）。基于迁移理论基础，Wiseman（1980）、Litwak 和 Longino（1987）提出晚年时期包含三个迁移轨迹的理论：①退休后为寻求舒适的生活方式而迁出；②身体状况不佳后的回迁；③需要长期照料时入住养老机构。第二理论的研究主要关注老年人是如何评估及调适他们自己与环境之间的“适合度”，以最大化老年人的能力（Coward, Metzer & Mullens, 1996 b; Lawton, 1982; Speare, 1974）。这一理论能较好地解释丧偶对老年居住安排的变动，故下文将对此理论的相关模式及适用性做详细的介绍。第三理论的研究基于经典的健康行为模式（Andersen, 1968; Wolinsky, 1990），关注个人健康状况对医疗照料资源的需求和使用，是决定老年居住安排最为核心的因素。这一理论在实践中具有较强的解释力，能较好地预测老年人对正规服务，包括居家照料和向养老院转化的使用情况。

1951 年，Lewin 提出的个人—环境协调理论（Person - Environment Fit Theory，以下简称 PE 理论）是西方有关老年人社会行为研究的一个重要理论流派。该理论强调，态度、行为以及其他个人层面的结果不是个人或者环境某一方面所导致的，是受个人与环境二者的关系影响而形成的。如果个人的特征与其所处环境是协调的，那么会对个人产生有利的结果。此后一些杰出的老年学家如 Lawton, Kahana 和 Carp 等不断发展和完善这一理论，形成了多种 PE 理论。在老年人的居住环境研究领域应用比较广的是：①Kahana（1982）的个人—环境相互关系一致性模型（Congruence Model of Person－Environment Interaction）；②Carp 的补偿、一致模型（Complementary/Congruence Model）。模型①研究了个人需求、偏好与环境的需求、资源个人的需求和环境特点之间的协调决定了人是否幸福。通过改变需求，或者改变环境，适应性策略会降低个人与环境之间的不协调。随着年龄的增加，改变环境的机会将减少，所以老年人经常改变他们的需求。模型②将个人的需求分为两类：较低层次的需求和较高层次的需求。个人与环境的关系也相应地分为两类：较低层次的需求时，环境必须要能弥补（补偿）个人的能力；较高层次的需求时，环境必须要与个人的需要相一致。个人与环境二者相互作用并影响行为（DeKort，1995）。

Lawton 等提出的能力模式可以较为直观地将丧偶对老年居住安排变动的过程呈现出来。这一理论认为，老年人对居住安排的选择取决于其个人生理、心理特点与居住环境所带来的压力之间的相互适应状况。这是一个动态的过程（见图 2－2）。当环境压力稍大于个人适应水平时，个人会发挥自己最高的水平来行动，个人会以能成功接受挑战而获得激励，达到新的适应和舒适水平。但如果环境压力过大，人们就会经历过度的压力或负担过重，往往会导致生理和心理的不适。如果压力大大低于人们的适应水平，则可能出现感知退化、无聊、无助和依赖他人。

在解释居住安排变动时，模式中的环境可以代表居住场所、人员、设施等。如居住在养老院，这里的环境压力通常非常小，在这里居住的个人可以不用去做房间的清洁、食物的烹饪等日常生活琐事，没有太多的事情去刺激感官或挑战个人思维。同样，住在自己熟悉的环境中，如果没有太多的来访者也不会有太大的环境压力。在一种居住安排下居住人数的增减都会让老年人感受到环境压力的变化。对于绝大多数老人而言，配偶的离世带来的同住人数的减少会使其感受到巨大的环境压力，特别是在丧偶刚刚发生的一段时期内，环境压力会显著增强，而老年人的个人能力却可能是处于较弱的区域。这会导致老年人处于过度的压力之下，而滑落到“不好的适应行为”区域，对其身心健康等带来负面影响。随着时间的推移，丧偶带来的环境压力会逐步减弱，同时如果获得适当的外界支持和协助，老年人的个人能力也会得以更快地提升。这时丧偶老年人的个人能力与环境压力之间可能会恢复到较为平衡的状况，老年人的生活状态也恢复到“积极的适应行为”区域。

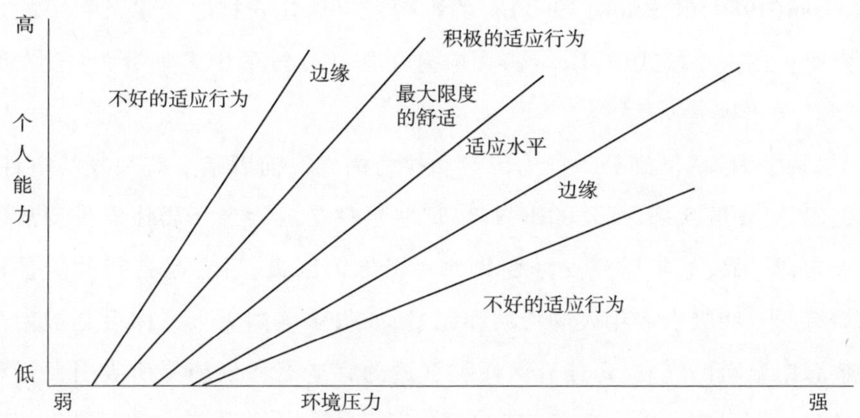

图 2－2　个人—环境相互影响的行为和情感结果模式

资料来源：M. P. Lawton and L. Nahemow, Ecology and the aging process. In C. Eisdorfer and M. P. Lawton (Eds.), Psychology of adult development and aging. Washington, D. C.: American Psychological Association, 1973, 661.

在国内，PE 理论也被用来对中国老年人的居住安排状况进行分析研究。毋庸置疑，社区和城市公共设施、建筑设计规划等是老年人居住安排决策的重要参考要素。从主要社区、城市的相关公共服务设施、建筑物的设置、构建等角度来考察居住地与老年人生活需求的匹配状况，关注老年人生活在其间的舒适性、方便性、宜老性（党俊武等，2016）。这一研究理论和视角对丰富本研究所关注的丧偶老人的居住安排议题具有重要的参考价值。

(2)影响老年居住安排因变量及后果的理论模型

PE理论对老人的居住安排的动态过程具有较好的解释力,但这一模式并不能回答是哪些因素影响老年人的居住安排,而这对于研究老年人的居住安排而言,是一个更为具有现实政策价值的问题。对此问题,西方学者也进行了大量的实证探索。在此重点介绍Hays提出的影响老年居住安排因变量及后果的理论模型(见图2-3)。

在对以往实证研究及相关理论总结的基础上,Hays进一步完善了Wiseman(1980)和Serow(1993)有关影响老年居住安排因变量及后果的理论模型。在这个模式中,Hays将影响老年居住安排的因素划分为"触发因素"和"情景因素"两大类。

"触发因素"又细分为推力因素和拉力因素。前者指一些突发的事件,如丧偶、突发的疾病、偶发的事故等,这些事件会成为老年居住安排变故的导火索,是触发老年居住安排变化的一个推力因素;后者是指新的居住地所具有的一些吸引老年人的特质和元素,如很多美国老人退休后会被南部黄金海岸温暖的气候、退休社区便利舒适的宜老居住设施等所吸引而迁移至这些地方居住。Pendry等(1999)认为家庭结构的改变与老人健康状况恶化密切相关,并且改变的速度随老人年龄的增长而提高,改变的趋势以独居最为显著。

"情境因素"同样也细分为内生和外生两大类,前者指老年人自身的一些人口及生理、心理特征,后者则是我们通常所说的外在的不同层级的公共环境、政策举措等配套软环境。

社会性别作为一个重要的内生性情境因素,与种族、世代等人口学因子一样,对老年人的居住安排发挥着重要的影响。大量的实证研究揭示,相对男性老人而言,女性老人独居的可能性更高。与此同时,数据也一再证实女性具有更长的生命历程和更高的功能障碍发生率,老年妇女群体的居住安排与健康照料之间的关系着实让人感到困惑。而新的一些研究则揭示，性别和年龄的差异会改变触发事件或其他情景因素对老年居住安排的影响效果（Katz et al.，2000；Robison & Moen，2000）。

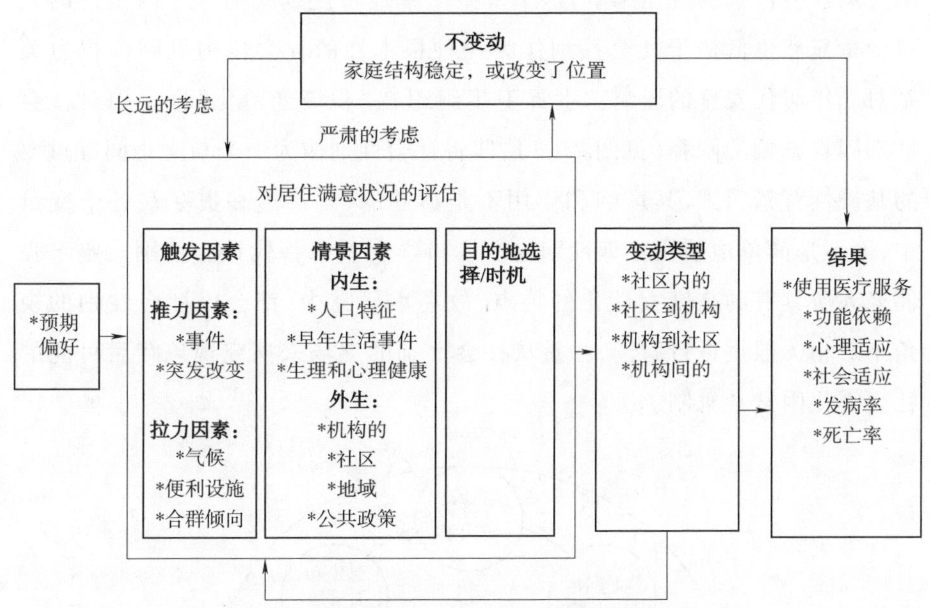

图2-3 晚年居住安排的因变量及结果的理论模型

注：模型出自对 Wiseman（1980）和 Serow（1993）相关研究的完善。

Hays 的模型对影响老年居住安排的因变量及后果进行了有益的探索。她特别强调了老年人的居住安排是一个长期、动态的过程。如“长远的考虑”关注到了生命前期的一些生活经历，如青少年及中年时期家庭结构和居住安排状况对晚年居住安排决策的影响，带有强烈的生命周期视角，而“严肃的考虑”则更多是对当下现实情况的回应。这一模型较为详尽地将欧美地区相关实证研究所发现的影响老年居住安排的因变量纳入其中，对于研究中国老年人的居住安排具有较好的借鉴意义。

但由于社会经济发展条件及传统养老文化习俗等差异，该模型的居住安排侧重于考察老年人选择住哪里，而不是国内所关注的“和谁住”。同时对于中国老年人而言，由于子女赡养老人具有悠久的文化传统，因此子女

的社会经济状况、婚育情况对老年人的居住安排具有极强的影响力,但在这一模型中并未对此加以考虑。

从社会性别的视角来看,这个模型简单地将性别视为一个内生性的人口变量显然也低估了社会性别作为一种根本性的社会建构机制和权力关系对老年居住安排的影响。世界卫生组织在“积极老龄化”框架中对社会性别因素影响的阐释(见图2-4),即将社会性别作为一个与文化同等重要的基础性背景因素,其影响和作用不是孤立的,是渗透和贯穿在各个变量中,而不是简单地使用生理性别这个人口学变量来替代社会性别。鉴于丧偶老人所具有的高度女性化的特点,故在本研究中,都会以社会性别的视角来对相关数据进行解读,注重从社会性别的立场来探究现象背后可能的社会文化因素和机制。

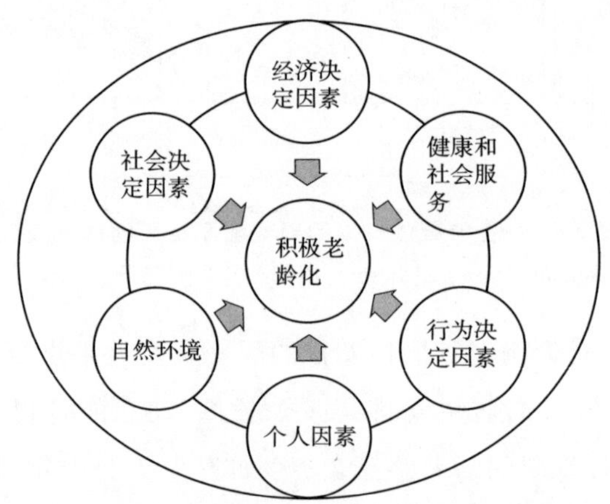

图2-4　积极老龄化的影响因素

资料来源:WHO,2002,积极老龄化:一个政策框架。

3. 中国老年居住安排的研究回顾

在过去数十年里,随着现代化进程不断加深,我国老年人的居住安排出现了些许变化,既体现了西方学者提出的孤立的核心家庭即老人与子女分开居住的趋势(Parsons et al. ,1955),也展现了中国文化背景下的老人同子女居住的传统(章英华,2014;杨菊华等,2009)。在本部分将首先从理论和实证角度梳理我国老年居住安排及居住意愿的变迁情况,继而探索影响老年居住安排的因素。

(1)老年居住安排状况的变迁研究

有关老年人居住状况及变迁的研究显示,在过去的20多年,我国老年人与子女分开居住的比例呈现出明显增长的趋势(唐天源、余佳,2016),且主要受到高丧偶率的影响,女性老年人独居的比例要显著高于男性(杜鹏,1999;伍小兰,2004;郭志刚,2010;曲嘉瑶等,2011,2013,2014)。与此同时,在过去的十多年间,老年人的居住意愿也发生了很大的改变,越来越多的老年人更倾向于与子女分开、自己独立居住(杜鹏,1998,1999;曲嘉瑶,2011,2013,2014)。老年人的居住方式和居住方式意愿是否得到满足对老年人的生活满意度有显著的影响(曾宪新,2011)。

从理论上看,这种趋势反映了家庭现代化理论预测,即随着一个社会现代化进程的深入,扩展的亲属关系纽带将被弱化,传统的家庭形式将变得更为松散,核心家庭将成为独立的亲属单位。这些变化必然导致代际(尤其是亲子)之间凝聚力的相应削弱(Goode,1963)。

但我们也可以看到,现代化的进程并没有导致家庭功能的衰落,代际之间在日常照料、经济支持、情感慰藉等方面依然存在密切的互动。这些互惠行为反复且经常发生,当亲子的空间距离邻近时更是如此(杨菊华、李路路,2009)。虽然核心家庭的比例持续升高,但是主干家庭始终是东亚社会主要的家庭形态之一(Morgan & Hiroshima,1983;Mason,1998)。曾毅、王正联(2004)运用中国1982年、1990年和2000年的普查微观抽样数据分析了家庭与老年居住安排的变化发现,三代家庭户的比例有所增加,两代核心家庭户的比例降低。有些学者认为这并不能说明中国家庭正在向传统回归,其将这种现象归因于20世纪70年代以来生育率下降的滞后效应。

实际上，中国家庭正在向现代型转变。而有些学者则认为这种同住现象被视为对年轻世代需求的反映（贾云竹，2013），因此有研究由孝道出发对这种现象进行了解释。但也有研究强调，这种同住与代际间自立、自主的社会期望冲突，潜藏着两代之间关系的紧张（Ward et al.，1992；杜鹏，1998）。也就是说，这种同住现象有可能是一种不得已的应对方式，并非社会所偏好的居住模式。

因此，从总体上看，中国老年人同子女分开居住的比例在上升，但主干家庭始终是中国社会的主要家庭类型，且主干家庭的比例趋于稳定。这与中国家庭养老方式下的代际支持密不可分。从理论上来看，中国家庭代际支持的动机主要包括需要论、反馈论、责任内化论以及血亲价值论等。

需要论认为，一个社会或社区的首要责任是满足成员的基本生存需要，包括生理的、社会的、情绪和精神方面的需要。熊跃根（1998）认为，随着年龄的增长、身体状况的改变、社会地位的下降，老年人的独立性逐渐消失，对外界的依赖性增强。因此，老年人，特别是身体健康状况恶化的老年人，应该得到其他家庭成员的关怀和照顾，而与子女同住则能更好地满足老年人的需求。

反馈论认为，亲子关系是整个社会结构中的基本关系。亲子关系包括抚养和赡养两个方面。父母有抚养子女的义务，这是中国社会与西方社会的共同点。而在子女有无赡养父母义务方面，中西方社会存在差异（张文娟，2008）。费孝通（1983）提出了“反馈模式”，即在中国，子女在赡养自己的父母方面有义不容辞的责任。也就是说，下一代对上一代都要给予反馈的模式，简单说就是“养儿防老”。在这样的文化基础下，则可以解释为何中国的主干家庭比例要高于欧美等西方国家。

责任内化论认为，由于几千年儒家文化对“孝”的强调，赡养老人的义务已经成为每个中华儿女内在的责任要求和自主意识，是其人格的一部分（张新梅，1999）。责任内化论的一个特点就是差序格局，即人与人的关系有亲疏远近之别，由“家”到“家族”再到“外人”，而在家庭内部，父子关系是主轴，夫妻关系是配轴，子女成为赡养老人的主要人选（费孝通，1983）。

血亲价值论是一种用血亲价值的观点阐释家庭代际关系的理论。该理论综合了经济交换论、社会交换论、需要论、反馈论等对中国养老模式的分析，充分考虑了中国独特的社会文化背景。该理论提出，血亲价值就是以血亲为基础并以实现血亲利益为其人生价值和调节代际关系准则的行为规范和心理定式。中国社会的血缘认同感非常强，无论社会形态如何演变，对血亲的认同没有明显变化（姚远，2000）。该理论认为，人的生存需求和经济需求决定了人们的代际观念和行为方式，但经济因素并不是唯一的决定因素。为此，一方面，老年人同子女居住是子女进行赡养父母的体现，另一方面，父母也可以帮助子女照看孙子女。这种血亲和经济的综合作用使得主干家庭的比例趋于稳定。

（2）老年居住安排的影响因素研究

国内有关老年人实际居住安排与居住意愿的影响因素研究大致可以分为宏观和微观两个层面的研究（见图 2 – 5）。前者强调了社会现代化进程的发展（Goode，1970；Cowgill，1974）、生育率下降和人口流动加剧（Yuan，1987，2010；曾毅等，2010）等宏观社会和人口状况的改变对家庭结构和居住模式的影响；后者则关注个体微观层面的人口和社会经济特征等对居住安排的影响，如郭志刚（1996）对女性老人居住类型选择影响因素的研究；张震（2001）、郭志刚（2002）对高龄老人居住安排影响因素的研究；西安交通大学人口所的研究团队对安徽农村老年居住安排的相关研究（张文娟，李树茁，2003；王萍、左冬梅，2007）；杨恩艳等（2012）利用“中国健康与养老追踪调查”数据对农村老年居住安排影响因素的研究；张丽萍（2012）基于社科院“2011 年中国社会状况调查”数据所作的“老年人口居住安排与居住意愿研究”；李敏等（2016）对京郊山区农村老年居住安排及意愿的影响因素研究等。这些微观层面的研究多采用 logistic 回归对老年人自身的人

口(性别、年龄、婚姻、健康状况)及社会经济特征(城乡、主要收入来源、住房条件、文化程度等)、居住意愿或养老观念,以及子女人口特征(数量及性别)等因素进行了统计检验。但这些影响因素,如性别、年龄、健康、主要生活来源等诸多变量对居住安排的影响方向,不同的研究发现还存有较多的争议,有待进一步的研究检验和商榷。我们对已有研究所提及的影响因素进行了梳理,绘制了如下框图(见图2-5)。

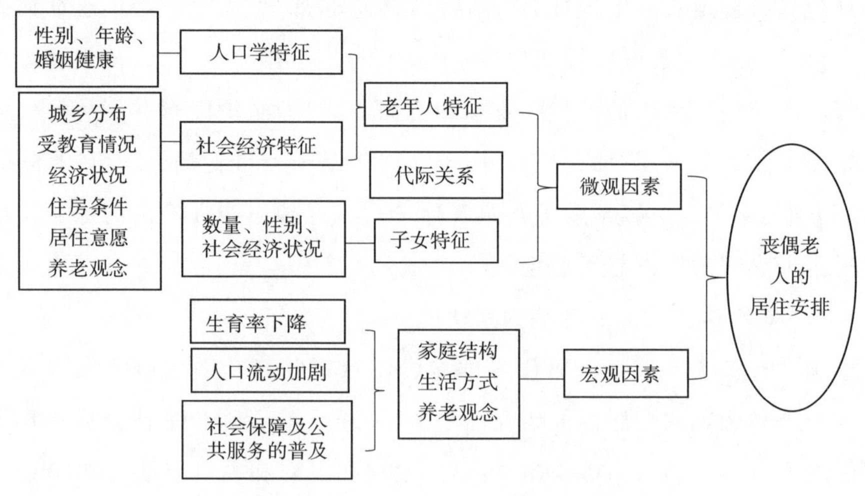

图2-5　影响丧偶老年居住安排的因素

宏观层面的因素主要是考虑到中国目前正经历的剧烈社会转型这一时代大背景。而在这一变迁中,对丧偶老年居住安排有直接影响的几个因素分别为:①现代人们生育观念的转变带来的生育率持续下降导致的家庭结构持续小型化。②改革开放以来我国人口流动加剧,不仅是城乡流动,现在城城之间的流动也越来越普遍,年轻人为了追求更好的个人发展而日益向具有劳动机会和个人发展空间的大城市聚集,他们与父母在地理空间上的距离也日益拉长。虽然现代化的交通可以大大缩短往返的时间,但子女与父母的日常生活在地理空间上的分离却越来越普遍。③社会保障体系的完善及公共服务的逐步建立,增强了丧偶老人独立生活的可能,传统的"养儿防老”观念受到冲击,进而影响到其现实的居住安排选择。

在微观层面上,则分别从老年人与子女两个维度对老年人的居住安排进行讨论。老年人自身的相关人口与社会经济特征以及子女的相关特征和社会经济状况都可能会对老年人的居住安排产生影响,而老人与子女之间的代际关系状况,则对老年人的居住安排起着桥梁的作用。但正如前文所述,在归纳出的诸多影响因素中,不少影响因素的作用方向、影响程度等不同学者的研究发现还存在争议,并未完全达成一致。

有研究发现在控制了其他变量影响的情况下,老年人的性别对其实际居住状况并没有显著的影响(郭志刚,2002;王萍等,2007;杨恩艳等,2012);但性别与一些社会经济变量的交互作用则表现出对老年居住安排具有显著影响(张震,2001)。在对老年人居住愿望的影响因素研究中,有的研究发现,性别不是一个显著影响的自变量(陆杰华等,2008;张丽萍,2012)。吴翠萍(2012)则发现,在城镇低龄老年人中,男性比女性更愿意与子女共同居住。焦开山(2013)采用随机效应 Probit 模型分别建立了男女老人居住安排的影响因素模型,重点考察了丧偶对老年居住安排的影响。研究发现,女性老人的居住状况受丧偶的影响更为显著,不同变量对男女两性的影响程度存在差异。龙书芹、风笑天(2007) 对江苏四个城市老年人养老意愿的分析显示,女性老年人更趋向于选择与子女分开居住。他们认为这可能是老年妇女为了避免“婆媳问题”所致。赵迎旭等 (2007)对福州市老年人对非家庭养老方式的态度及其影响因素的研究发现,女性老年人对非家庭养老方式的赞成率高于男性。他们认为这主要是因为女性老年人中丧偶的比例较高,且有一部分老年人没有经济收入,无法支付生活费用,或因为子女工作繁忙无暇照顾,所以她们不得不求助于公共养老机构。

本人认为,对各项研究在性别对老年居住安排是否具有显著影响上所产生的争议,主要是性别和许多重要的社会经济变量,甚至健康及婚姻状

况之间均存在较强的关联性。将性别与其他变量一起纳入模型会带来多重共线性的问题,更好的处理方式应该是分别建立男性和女性的分析模型进行研究。

另外,根据上述需要论、反馈论、血亲价值论等理论解释,我们可以看到代际关系也作为一个重要变量影响着老年人的居住安排。老年人与子女同住,会增加向下的代际经济流动数量,对向上的代际经济流动则没有影响(吕如敏等,2013)。居住模式是老年人和子女参照各自经济状况所作出的选择。一般,老年人在经济条件允许的情况下多选择分开居住,因为分开居住可以很好地避免代际之间的矛盾(林明鲜等,2008)。杜鹏(1998)对北京市老年人居住方式进行了纵向研究也发现,老年人不愿意与子女同住的主要原因是避免家庭矛盾,次要原因才是住房紧张。而老年人选择同住,可能是出于经济上和生活上帮助子女的动机。因此,同住的老年人会更加有可能给予子女经济上的帮助和支持。这是父辈和子辈考量各自条件所作出的家庭策略,这也验证了现有研究中的结论,即同住的条件下,子女更能够从代际交换中获益。从另一方面来看,"积谷防饥,养儿防老"是中国流传几千年的传统观念(刘翠霄,2005;李成贵,2010)。"养儿防老"这种养老观念体现着代际关系中父辈对于子辈的期待。以血亲价值为基础的家庭养老,是这种观念支配下农民养老模式的必然选择(于长永,2011)。因此,特别是在中国农村,由于这种观念根深蒂固(杜鹏,1998;王增文,2015),使得很多老年人与子女同住。而且有研究表明,仅有 1 个儿子的老年人更倾向于与子女同住(李敏等,2016)。但也有研究发现,儿子的作用在逐渐下降,"养儿防老"的传统文化影响在逐渐减弱(尹银,2012)。

当然,居住安排与代际关系是相互作用的。有研究显示,父母与子女之间的居住距离是影响代际支持的重要因素(Montgomery et al. , 1991;Bian et al. ,1998)。地理居住空间接近不仅有利于代际支持特别是日常照料和交流,也会促进两代间的交往和情感上的亲近(Crimmins et al. ,1990)。而随着空巢家庭、隔代家庭增多,代际凝聚力被削弱,特别是在农村地区(何芸,2011)。然而,Litwark 和 Kulis 认为,子女与父母间的距离对经济支持和情感交流的作用较小(Litwark et al. ,1987)。

此外,老年人的经济独立性对其居住安排的影响也存在三种截然不同的观点。一些研究认为,经济独立程度越高越倾向于不与家人同住(张震,2001;王萍等,2007;韦璞,2009)。也有研究发现,这一因素对农村老年居住安排无显著影响(杨恩艳等,2012);沈可(2010)的研究则指出,在中国有养老金的老人与子女及家人同住的可能性更高,这与南非(Edmonds et al. ,2005)及对美国离婚老年妇女群体的研究结论相似(Meghea,2003)。个人的经济保障状况对我国丧偶老人的实际居住安排具有何种影响也还有待进一步的研究检验。

老年人不同的居住安排对其生活品质会有显著的影响,程翔宇(2016)发现,与子女共同居住的老年人的生活质量最好,养老院居住次之,独立居住的生活质量最差。李春华等(2015)的研究发现,居住安排变化对老年人死亡风险存在影响。其中,"与子女同住变为不同住"老人的死亡风险最高。张立龙(2016)的研究发现,在不同居住安排下,老年人满足社会和情感需要的方式和能力存在较大的差异。首先独居老年人的孤独感最强,其次是独自与他人合住的老年人,再次是与配偶同住的老年人,最后和配偶一起与他人合住的老年人孤独感最弱。王萍等(2016)发现,居住安排对老人认知功能的下降具有显著影响。这种影响是以老人在家庭中所承担的角色为中心而发生的:两代居住、三代居住以及独居会加重老人认知功能水平的衰退,隔代居住有助于减缓老人认知功能水平下降,而仅与配偶居住对老人认知功能水平衰退的减缓作用存在选择性。穆滢潭等(2016)考察了居住安排与老年人精神健康之间的关系。研究发现,相对空巢老人而言,与子女同住对老年人精神健康具有显著的积极效应,空巢家庭老年人的生活满意度低、抑郁水平较高;居住地、婚姻状况对老年人精神健康具有

调节作用,对中低龄老年人作用尤其明显。与子女同住对老年人,尤其是农村和城市高龄老年人精神健康的积极效应显著,而家庭网络主要改善了农村老年人的生活满意度。这一结论与张莉(2015)、叶菲菲等(2013)的研究发现较为吻合。

近期国内学者在老年人居住安排与健康状况的相关关系方面进行了较多的探究,丰富了对此议题的认识,但研究结论分歧也较为明显。焦开山(2014)发现与子女同住的老人,身体状况最糟的可能性也显著高于其他居住安排状况下的老人,这可能是选择性机制的结果;张淑芳(2016)对不同居住安排与老年人生理健康的关系研究显示,城乡老年人的居住安排与其健康状况的关系呈现出显著的差异性。城镇与子女分居且距离较远的老人健康状况最差,而农村则是越健康的老人与子女分居的可能越大。龚秀全(2016)对上海市老年人的居住安排与医疗资源利用的关系所作的研究发现,老年人的居住安排和社会支持等非经济因素对其总就诊次数、分层次就诊次数、住院天数和体检等都具有重要影响。独居老人总体的医疗资源利用情况显著少于有偶或有子女同住的老年人。

(3)有关丧偶老人居住安排的研究发现

研究显示,丧偶对老年居住安排变化具有显著影响。多数研究证实,丧偶老年人与子女实际共同居住的可能性及愿望都显著高于有偶的老人(张震,2001;郭志刚,2002;王萍等,2007;陆杰华等,2008;杨恩艳等,2012;张丽萍,2012),且女性老人的居住安排受丧偶的影响更为突出。这一方面是因为丧偶老年妇女自身的社会经济条件相对较差,更需要子女的支持和帮助。另一方面也有研究认为,这可能也与老年妇女长期以来在家庭中承担照料家人的角色,会增强其与子女的亲密关系。她们与子女之间的代际互动状况往往好于丧偶的老年男性群体(Cochran et al.,1999;焦开山,2013)。老年妇女与子女之间的代际支持互惠性更明显(张文娟、李树茁,2005)。

在社会保障制度及公共支持体系都还相对薄弱的中国，与子女共同居住可以显著增加子女对丧偶老人多方面的代际支持（鄢盛明等，2001；王萍等，2007），能显著改善丧偶老人的生活质量（Zunzunegui et al.，2001；张震，2001；Ha et al.，2006；曾宪新，2011），被视为丧偶老人一种理想的居住安排。但在预期寿命延长、丧偶老人总体规模扩大、寡居时间显著增加（尤其是丧偶老年妇女）的情况下，丧偶老人与子女长期同住的传统居住模式日趋下降，而分开居住的比例不断上升：1990—2000 年这一比例从 17.1% 增至 20.4%（中国人民大学人口研究所，2005），而 2000—2006 年则从 21.9% 增至 29.2%（曲嘉瑶等，2011）。第三期中国妇女社会地位调查数据显示，65 岁及以上丧偶老人中 38.8% 的人没与子女共同居住。如果考虑到家庭成员实际长期外出的影响，则这一比例更高达 46.6%。就目前的情况来看，国内还没有对丧偶老人的居住安排进行专题性的深入研究，故其影响因素等是否与基于所有老人的数据分析得出的结论一致还有待研究检验、校核。

综上所述，相对于国外老年居住安排的研究而言，国内无论在关注的议题还是实证研究深度和相关理论探索方面都还存在较大的差异。国内有关老年居住安排的研究在对象上还不够细化，通常都是以整个老年群体为研究对象，鲜有聚焦于丧偶老人这一群体的深入研究。目前国内对于老年居住安排的研究无论在数据资料、研究思路及分析方法上都积淀了一定的基础，高龄、农村及城镇老人的居住安排都有了一些研究成果，但以丧偶老人为主体的专题研究还是空白。尽管大量的描述统计分析揭示出了老年居住安排具有显著的性别差异，但性别是否对老年居住安排具有显著影响这一问题则还存在较大争议；哪些因素会对我国丧偶老人的居住安排产生显著影响也都有待进一步探索验证。本研究将在上述研究的基础上，聚焦中国当下的丧偶老人群体，对其现实的居住安排进行深度解读，以增进对该议题的认识和了解，为丰富和完善有关中国丧偶老人居住安排的实证

发现及理论探索提供基础性的资料和信息。

4. 本研究的理论模型

由于目前我国在机构中生活的老年人为数极少，据民政部2015年社会服务发展公报的数据，2015年我国养老院所的床位仅为374.6万张，而同期我国老年人口为2.2亿左右。即使这些床位住满，也仅占老年人口的1.7%左右。故本研究主要考虑居家养老的老人在经历了丧偶事件后的居住安排状况。

基于已有研究及对现实生活中丧偶老人居住安排变化的观察，我们绘制了老年人在丧偶前后居住安排可能存在的主要模式（见图2－6）。对于有子女的老年人，其丧偶前的居住模式主要可以分为两大类：与子女同住和夫妻空巢。丧偶后，与子女同住的老人居住安排变动的可能性相对较小，而夫妻空巢的老人则很可能会产生分流，一部分会转为与子女同住，另一部分则会选择一个人独居。不同居住安排下的丧偶老人在生活质量上是否有显著的差异，他们对社会养老服务等的需求是否具有显著的差异，究竟是哪些因素会对丧偶老人的居住安排有显著影响，探寻这些问题的答案，将会有助于更精准地为丧偶老人进行居家养老服务产品的设计和供给，具有强烈的现实意义。

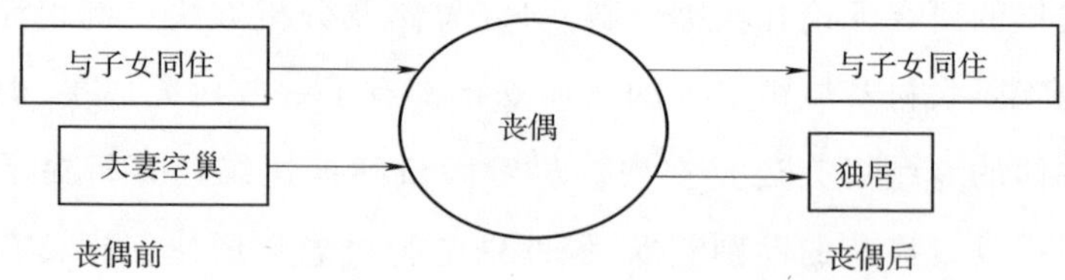

图2－6 居家养老老年人丧偶前后居住安排的变化

基于对已有研究文献的回顾，我们归纳总结了影响中国老年居住安排的影响因素模型。这些影响因素大致可以分为宏观和微观两个层面。

由于数据资料的局限，本研究对丧偶老人居住安排的影响因素研究将主要关注微观层面的老人与子女之间的代际支持关系，而对于宏观层面的影响因素则只能进行推理论证，而不进行量化的实证验证。

第三章

丧偶老年人口概况

一、我国丧偶老年人口的基本状况

1. 丧偶率大幅度下降，但总体规模增长显著

1982—2010 年的近 30 年间，随着我国社会经济的发展，特别是公共医疗服务及人口健康状况的改善，人口预期寿命不断延长，老年人口的有偶率大幅度提升、丧偶率则持续大幅度下降：2010 年我国 60 岁及以上老年人口的有偶率升至 70.6%，比 1982 年增长了 16.5 个百分点；而丧偶率则降至 26.9%，比 1982 年下降了 16.7 个百分点，年均下降 0.6 个百分点（见图 3 - 1）。

但在过去的近 30 年间，我国老年人口的总体规模从 7 650 多万人激增至 1.7658 亿人，增长了 1 亿人左右。老年人口的快速增长，使得我国丧偶老年人群体的总体规模不减反增。2010 年我国 60 岁及以上的丧偶老人总体规模达到 4 748 万人，在 1982 年的基础上增加了 1 411.9 万人左右（见表 3 - 1）。

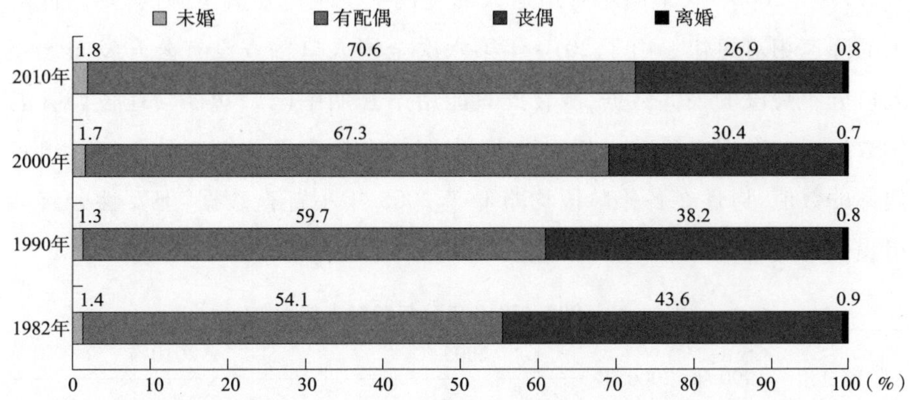

图 3－1　60 岁及以上老年人口婚姻状况的变化（1982—2010 年）

资料来源：1982 年、1990 年、2000 年数据为中国人民大学人口研究所“中国人口老龄化国际比较研究”表 7.1，载于《2000 年人口普查国家级重点课题研究报告，第二卷 民族，老龄化，家庭与住房》，中国统计出版社，2005 年，第 603 页；2010 年数据根据国务院人口普查办公室、国家统计局人口统计司《中国 2010 年人口普查资料》表 L8－09 计算。

注：2000 年和 2010 年因原始数据采取了四舍五入的方法，所以加总后均为 100.1。

表 3－1　60 岁及以上不同婚姻状况老年人口的规模变化（1982—2010 年）（万人）

	1982 年	1990 年	2000 年	2010 年	1982—2010 年
未婚	103.4	127.3	212.2	313.7	210.3
有配偶	4 142.2	5 787.5	8 616.4	12 459.0	8 316.8
丧偶	3 336.0	3 703.6	3 885.6	4 747.9	1 411.9
离婚	68.5	78.6	84.3	138.1	69.6
合计	7 650.1	9 697.0	12 798.5	17 658.7	10 008.6

资料来源：1982 年、1990 年、2000 年数据为中国人民大学人口研究所“中国人口老龄化国际比较研究”表 7.1，载于《2000 年人口普查国家级重点课题研究报告，第二卷民族，老龄化，家庭与住房》，中国统计出版社，2005 年，第 603 页；2010 年数据根据国务院人口普查办公室、国家统计局人口统计司《中国 2010 年人口普查资料》表 L8－09 计算。

2. 丧偶率与年龄线性相关，低龄组丧偶率降速相对更快

老年人口的丧偶率与年龄呈显著的线性相关。从人口普查的数据来

看,1990—2005 年,不同年龄组老人的丧偶率呈现出显著下降的态势,低龄组的降速相对更快。由于 2010 年第六次全国人口普查没有公开发布老年人口分年龄段的丧偶数据,故在此只能用第三期中国妇女社会地位调查老年数据库的数据来呈现。相比而言,中国妇女社会地位调查的分年龄组丧偶率的数值,男性在各年龄段均略低于 2005 年小普查数据,但女性分年龄组丧偶率则较 2005 年偏高(见表 3 -2)。

表 3 -2　1990—2010 年分年龄组丧偶率(%)

年龄分组	1990 年	2000 年	2005 年			2010 年		
			合计	男	女	合计	男	女
60 ~64 岁	21.0	15.0	12.1	7.5	17.2	—	—	—
65 ~69 岁	32.9	23.7	19.8	11.8	28.5	20.5	11.1	29.7
70 ~74 岁	47.6	35.6	30.4	18.8	42.5	33.6	17.8	47.5
75 ~79 岁	61.6	49.9	42.8	27.9	56.6	45.6	26.5	63.9
80 岁及以上	78.5	67.9	63.9	44.6	77.1	67.4	46.1	83.0

资料来源:1990 年、2000 年数据为中国人民大学人口研究所“中国人口老龄化国际比较研究”表 7.3,载于《2000 年人口普查国家级重点课题研究报告,第二卷 民族,老龄化,家庭与住房》,中国统计出版社,2005 年,第 604 页;2005 年数据根据国家统计局 2005 年 1% 人口抽样调查 1% 原始数据计算;2010 年根据第三期中国妇女社会地位调查老年专卷数据库计算。

为了对不同性别老年人分年龄组丧偶率有一个更深入的认识,我们对 CWSSO3 和中国老龄科研中心 2010 年度的追踪调查数据的结果进行了比对(见图 3 -2)。从图中可以看到,这两套数据所揭示的 2010 年中国分城乡、分年龄组老年人的丧偶率具有很高的吻合度,说明 CWSSO3 的数据具有较好的可信度。

数据显示,无论城乡和性别,老年人口的丧偶率与年龄之间都存在近乎线性的递增模式,且性别的差异远超过城乡的差异。无论哪个年龄组,丧偶率从高到低均呈现出:农村女性高于城镇女性,城镇女性高于乡村男性,乡村男性高于城镇男性的格局(见图 3 -2、表 3 -3)。

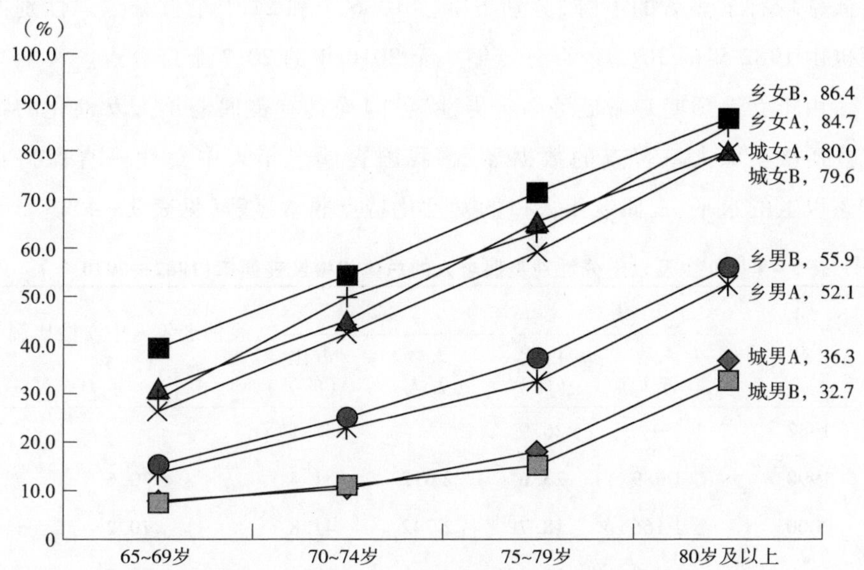

图 3－2　2010 年分城乡、性别、年龄组丧偶率

资料来源：A 为第三期中国妇女社会地位调查老年专卷数据库计算结果；B 为中国老龄科研中心 2010 年中国城乡老年人追踪调查数据计算结果。

表 3－3　2010 年分城乡、性别、年龄组丧偶率（%）

年龄分组	城镇男性		城镇女性		乡村男性		乡村女性	
	A	B	A	B	A	B	A	B
65～69 岁	7.5	7.4	31.0	26.2	13.2	15.2	28.5	39.2
70～74 岁	10.4	11.0	44.7	42.4	22.6	25.2	49.6	54.5
75～79 岁	17.8	15.2	65.1	59.1	32.3	37.4	62.9	71.3
80 岁及以上	36.3	32.7	80.0	79.6	52.1	55.9	84.7	86.4

资料来源：A 为第三期中国妇女社会地位调查老年专卷数据库计算结果；B 为中国老龄科研中心 2010 年中国城乡老年人追踪调查数据计算结果。

3. 丧偶老人七成为女性，且女性化程度保持相对稳定

在过去的 30 多年间，在 60 岁及以上老年人口中，无论男性还是女性的

丧偶率均有了显著的下降,分别下降了10.6个和21.1个百分点。性别差距也由1982年的30.2个百分点缩小至2010年的20.7个百分点。

由于女性预期寿命显著高于男性,各国均具有丧偶老年人女性化的特点。历次全国人口普查的数据显示,我国丧偶老年人中女性一直保持在70%以上的水平,丧偶老年人口的女性化特点非常显著(见表3-4)。

表3-4　60岁及以上分性别丧偶老人的总体规模及丧偶率(1982—2010年)

年份	男		女		丧偶老年人中女性比例(%)
	人数(万人)	占比(%)	人数(万人)	占比(%)	
1982	—	26.9	—	58.1	
1990	1 089	23.6	2 615	51.4	70.6
2000	1 166	18.7	2 742	41.8	70.2
2010	1 403	16.3	3 345	37.0	70.4

资料来源:1982年、1990年、2000年数据为中国人民大学人口研究所“中国人口老龄化国际比较研究”表7.2,载于《2000年人口普查国家级重点课题研究报告,第二卷民族,老龄化,家庭与住房》,中国统计出版社,2005年,第604页;2010年数据根据国务院人口普查办公室、国家统计局人口统计司《中国2010年人口普查资料》表L8-09计算。

第六次全国人口普查数据显示,不同地域65岁及以上丧偶人口的女性化程度呈现出较大的差异性,城市地区相对较高,为75.1%,镇为72.2%,乡村地区最低,为68.7%。

丧偶人口女性化的缘由探析

任何一个地区的总人口性别比都是由各个年龄(也即各个不同出生队列)的性别比综合而成。它取决于以下四个因素:①出生婴儿性别比;②男女两性死亡率的差异;③迁移人口的性别差异;④人口的年龄结构(查瑞传,1996)。鉴于我国总体上国际迁移的规模很小,故迁移的影响往往可以忽略不计。邬沧萍在20世纪80年代回答我国人口性别比为何偏高时指出:①我国人口出生性别比高是造成我国总人口性别比高的基础;②我国男女死亡率差异小是导致我国人口性别比高的主要原因;③我国人口年龄结构轻是造成我国人口性别比高的重要原因(邬沧萍,1983)。

65 岁及以上丧偶人口作为总人口的组成部分,其性别结构自然也会受上述三个因素的影响。目前,65 岁及以上的丧偶人口都是 1945 年前出生的,因此要想解释过去数十年间我国老年人口性别结构的变化,理想的方案是获得各个年龄段的老年人口出生队列的相关数据,根据:①各个人口队列出生时的性别比情况;②这些人口队列逐年的分性别死亡率;③不同人口队列形成的老年人口年龄结构,层层分解其对老年人口性别结构的影响。但受上述数据资料不可获的客观限制,我们只能根据现有的一些相关数据资料对过去几十年间我国丧偶老年人口的性别结构特点进行一些推测性的解释。

在过去的数十年间,我国女性平均预期寿命的平均增速均高于男性,男女两性的平均预期寿命的差距呈扩大的趋势(见表 3 - 5)。与发达国家相比,同为女性出生预期寿命为 70 岁左右的水平下(我国是 1980 年后,发达国家则是 1950—1970 年),我国男女两性的预期寿命差距要明显小于发达国家。多数学者认为,我国存在较严重性别歧视的文化传统习俗,这是导致我国“女性生存优势”难以充分实现的重要原因,也是我国乡村地区丧偶老人的女性化程度较城镇地区相对偏低的原因所在(马瀛通,2009;刘爽,2010)。

表 3 - 5　中、日、法三国男女平均期望寿命及性别差异(岁)

年份	中国		日本		法国	
	A	B	A	B	A	B
1950—1955 年	44.6	0.0	63.9	5.0	70.2	6.0
1955—1960 年	45.6	1.1	68.5	5.2	72.6	6.5
1960—1965 年	46.4	4.4	71.5	5.3	74.2	7.0
1965—1970 年	59.5	0.3	73.9	5.3	75.2	7.5
1970—1975 年	66.1	3.1	75.8	5.5	76.3	7.7
1975—1980 年	67.8	3.0	77.9	5.8	77.8	8.1
1980—1985 年	69.2	3.0	79.6	6.1	78.9	8.2

续表

年份	中国		日本		法国	
	A	B	A	B	A	B
1985—1990 年	70.5	3.1	81.3	6.6	80.3	8.2
1990—1995 年	71.6	3.2	82.4	6.9	81.5	8.2
1995—2000 年	72.5	3.2	83.7	6.8	82.3	7.7
2000—2005 年	73.4	3.4	85.2	7.0	83.2	7.2

资料来源：联合国 World Population Prospects：The 2010 Revision Population Database 中方案预测数据。

注：A 为女性预期寿命，B 为预期寿命的性别差异，即女性比男性长的预期寿命。

二、丧偶老人的基本人口特征

1. 城乡分布

数据显示，61.1% 的丧偶老人居住在农村地区。其中，男性丧偶老人在农村的聚集程度高达 65.3%；女性丧偶老人的城乡分布则相对均衡，为 59.4%。这一方面与城镇男性的丧偶率相对较低有关，同时也可能与城镇丧偶老年男性更容易再婚，脱离丧偶状况可能远高于女性及农村男性有关（见图 3-3）。

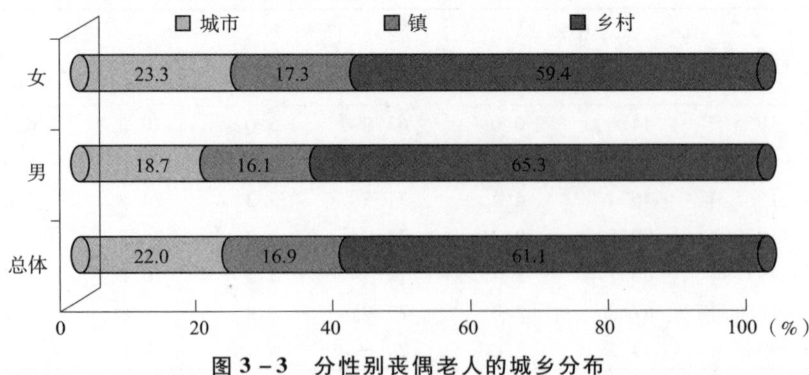

图 3-3　分性别丧偶老人的城乡分布

2. 年龄结构

数据显示,丧偶老人群体的平均年龄为 75.2 岁,比有偶老人群体的平均年龄长 5.2 岁。这也意味着丧偶老人群体在高年龄段累积得更突出。从分城乡、分性别的数据来看,也基本上与总体一致。相对而言,女性丧偶老人与女性有偶老人的年龄差距相对更大,而男性则相对较小(见图 3－4)。

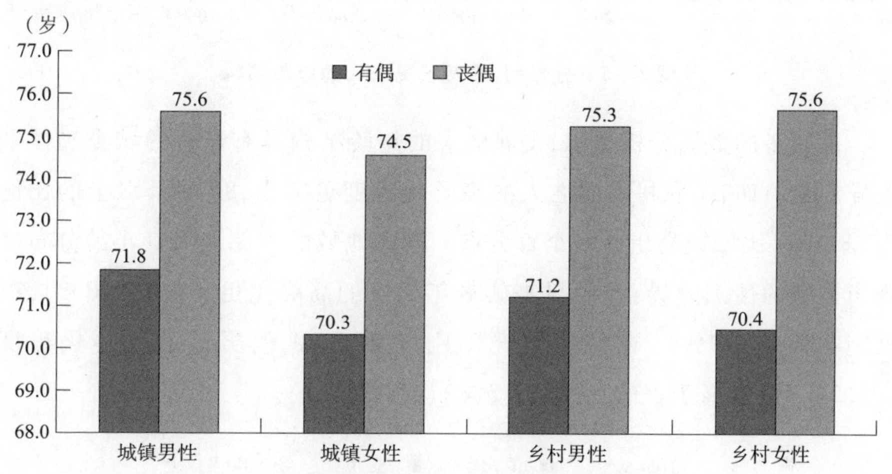

图 3－4　分城乡、婚姻状况老年人的平均年龄

在老年学中,通常将 60～69 岁称为低龄老人或年轻老人,70～79 岁为中龄老人,80 岁及以上为高龄老人。调查数据显示,丧偶老人具有显著的高龄化特点。当前丧偶老人中 74.0% 的人是 80 岁以下低龄、中龄老人,80 岁及以上的高龄老人占 26.0%,显著高于有偶老人的相应比例(7.0%),这也意味着丧偶老人群体的高龄化水平更为突出。从总体上来看,丧偶老人的年龄分布没有显示出显著的性别差异(见图 3－5)。

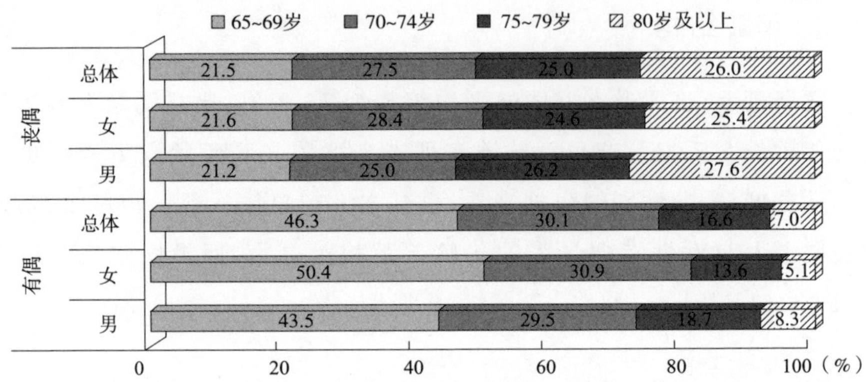

图 3－5　分性别、婚姻状况老人的年龄结构

进一步的数据分析显示，丧偶老人的年龄结构具有显著的城乡和性别差异。相对而言，农村丧偶老人的高龄化程度更突出，80 岁及以上的比例占 28.1%，比城镇高出 5.6 个百分点。不同地域的丧偶老人其年龄分布呈现出显著的性别差异：在农村丧偶老年妇女的高龄化更突出（29.0%），男性则略低（26.3%）；在城镇情况则刚好相反，丧偶男性的高龄化程度（31.3%）显著高于丧偶女性（20.5%）（见图 3－6）。

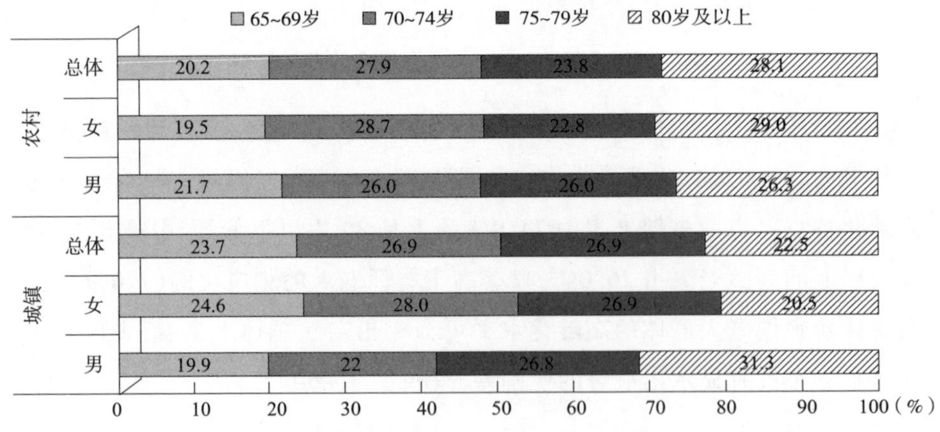

图 3－6　分城乡、性别丧偶老人的年龄结构

3. 受教育状况

丧偶老人的受教育状况存在显著的城乡和性别差异，城镇显著高于农村，男性明显高于女性。数据显示，城镇丧偶男性老人的平均受教育年限达到7.1年，女性为4.4年，分别比农村地区对应的丧偶男性和女性老人高出3.4年和3.0年。与此同时，城乡女性丧偶老人的受教育程度都显著低于同地域的男性丧偶老人，即便是城镇丧偶老年妇女的平均受教育年限也仅比农村丧偶老年男性高出0.7年，这两个群体受教育状况的城乡差异被性别歧视稀释、冲淡（见图3－7）。

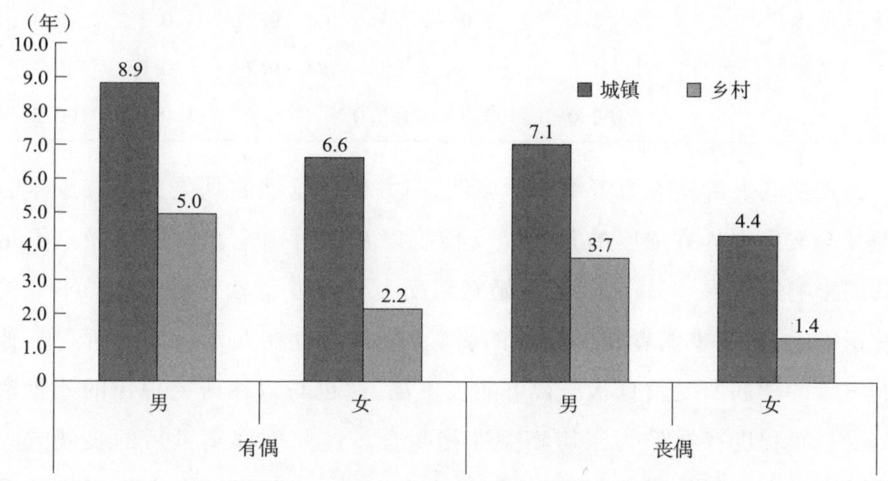

图3－7 分城乡、婚姻状况老年人平均受教育年限

进一步的数据分析显示，目前丧偶老人群体，有近6成丧偶老人不识字或识字很少，26.9%的丧偶老人接受了小学教育，仅有14.8%的丧偶老人接受过初中及以上教育。相对于有偶老人而言，无论男女，丧偶老人的受教育程度均显著低于有偶老人（见表3－6）。

表 3-6 不同婚姻状况老年人的受教育状况(%)

	有偶			丧偶		
	男	女	总体	男	女	总体
平均受教育年限(年)	6.9	4.5	6.0	4.8	2.9	3.4
不识字或识字很少	21.8	48.9	33.0	39.4	65.1	58.2
小学	39.2	27.1	34.2	38.7	22.6	26.9
初中	21.5	13.3	18.1	14.3	7.4	9.3
高中	6.0	3.1	4.8	3.4	2.3	2.5
中专/中技	5.9	5.1	5.6	2.0	1.8	1.9
大学专科	3.5	1.5	2.7	1.2	0.5	0.7
大学本科	2.1	1.0	1.6	0.8	0.3	0.4
不清楚				0.2	0.0	0.1
合计	100.0	100.0	100.0	100.0	100.0	100.0

丧偶老人群体人力资本总体偏低,一方面是这些丧偶老人在青少年时期社会文化中具有浓厚的重男轻女传统以及当时国家教育资源严重不足共同影响的结果。另一方面,从婚姻匹配夫妻双方受教育程度差异不大的常识推论,这些丧偶者相对较低的受教育程度,也在一定程度上折射出他们离世的配偶所受教育状况很可能也不高,这也与以往研究提出的死亡率与受教育程度存在较为密切相关性相吻合。这些配偶离世后的丧偶老人受教育程度偏低的现实,成为他们社会参与、平等分享社会发展成果的重要障碍性因素,也是导致其经济独立性差、贫困率偏高、沉积在社会底层的重要原因。

三、丧偶老年人口的省级差异状况

中国地域辽阔,各省区市的社会经济发展差异显著,各省区市丧偶人口的年龄、性别结构也呈现出很大的差异性。本部分将主要利用 2010 年各省区市人口普查数据,对丧偶人口的老龄化程度、老年丧偶人口的女性化程度进行简要的分析比较,以深化对我国丧偶人口基本结构状况的认识。

1. 老年人口丧偶率的省级差异

老年人口的丧偶率取决于老年人口的婚姻风险和死亡风险两个因素。在我国,由于人口的未婚和离婚率都相对较低,故老年人口的丧偶率更多是取决于已婚老年人口的死亡率及丧偶后的再婚率。

2010 年,31 个省区市 65 岁及以上老年人口丧偶率的均值为 34.7%,最高的西藏(43.4%)与最低的北京(28.0%)丧偶率的差距达到 15.4 个百分点,方差为 2.832。表 3－7 揭示了 2010 年各省区市 65 岁及以上老年人口丧偶率的省际差异特点:总体而言,丧偶率偏高的地区相对集中在西部及东南沿海。丧偶率与省区市社会经济发展水平之间没有呈现出较强的相关性:丧偶率超过 36.0% 的 8 个省区市中欠发达地区的西部占了 4 个。除西藏外,还有青海(39.1%)、云南(37.4%)和贵州(36.2%)。江西为 36.9%,但浙江、福建和山东等社会经济发展水平相对较高的地区其丧偶率也在 36.0% 以上,明显高于全国的平均水平;丧偶率最低的省区市则同样有社会经济发展水平相对较高的京、津、沪等直辖市,同时西部地区的宁夏、新疆、内蒙古等也榜上有名。相对而言,中部省区市的丧偶率则基本处于居中的位置。这样一种地域分布差异的原因,还有待进一步的研究。

2. 各省(区、市)老年人口丧偶率的性别差异

老年人口的丧偶率女高男低,这是世界各国的普遍特点,我国也概莫能外。但各省区市老年人口丧偶率的性别差异状况则同样呈现出较大的差异性。表 3－7 提供了 2010 年分省区市不同性别老年人口丧偶率及其性别差异的地域分布信息,为我们直观观察各省区市丧偶率的性别差异提供了依据。

以老年女性的丧偶率来看,2010 年,31 个省区市女性老年人的丧偶率平均值为 47.1%,最高为福建(52.9%),比最低的北京(38.9%)高出 14.0 个百分点,省间方差为 3.124,省级差异显著。女性老人的丧偶率与各省区市经济社会发展水平之间呈现出复杂的关联性:在女性老人的丧偶率达到了 50.0% 以上的 5 个省——福建(52.9%)、浙江(52.0%)、西藏(51.9%)、江西(51.6%)及青海(51.4%)中,既有经济社会发展整体水平居于各省前列的东南沿海发达省份,如福建、浙江,也有人均 GDP 和公共医疗服务水平处于各省区中排名靠后的西部不发达省区,这些省区的社会经济发展水平相差甚远。而女性老人丧偶率相对偏低的省区市在地域上来看,则呈现出相对集中在东部偏北的省区,而中部省区的女性老人丧偶率也相对集中。老年妇女丧偶率的这一地域差异,无法用地区经济发展水平或公共医疗服务等来解释,也许与各地区的丧偶文化习俗等有关,这需要更进一步的多学科研究来探究(见表 3-7)。

以老年男性的丧偶率来看,2010 年,31 个省区市老年男性的丧偶率平均值仅为 21.3%,最高为西藏 32.4%,比最低的上海 14.7% 高出 17.7 个百分点,省间方差为 3.278,略大于女性老人丧偶率的省间方差。相对而言,老年男性丧偶率的地域分布呈现出较为突出的特点,大体呈现出从东到西逐步升高的趋势:东南沿海地区男性老人丧偶率相对偏低,中部其次,西部各省区市的男性老人丧偶率则相对较高(见表 3-7)。

31 个省区市男女老人的丧偶率差距平均为 25.7 个百分点,其中差距最大的是福建省,达到了 33.4 个百分点,而性别差距最小的则是男女两性丧偶率都相对较高的西藏,为 19.5 个百分点。从地域分布来看,上海、浙江、广东、海南、江西和新疆等省区男女老人丧偶率的性别差异相对较大,差异较小的省区市是西藏、贵州、河南和东北三省等地区(见表 3-7)。

正如前文所说,丧偶率在实质上是已婚人口死亡风险和丧偶人口再婚率的镜面影像,女性丧偶率对应的是已婚男性的死亡率,男性丧偶率同样也映射已婚女性死亡率。这是解读不同省区市分性别老年人口丧偶率所呈现出的特点的钥匙，但限于死亡风险和再婚率等数据需基于人口普查的原始数据资料才能获得，故在本研究仅能点到为止，希望今后能够在有相关数据资料的基础上再深入地去进行分析探究。

表 3－7　2010 年分省区市、性别 65 岁及以上老年人丧偶率(%)

	总体	排序	男	排序	女	排序	女－男	排序	女/男	排序
全国	34.8		21.3		47.1		25.7		2.2	
北京	28.0	31	15.7	30	38.9	31	23.2	23	2.5	9
天津	32.3	27	20.6	20	42.8	29	22.2	27	2.1	21
河北	34.3	18	22.3	13	45.3	23	23.0	24	2.0	23
山西	34.7	17	20.9	18	47.9	11	27.0	8	2.3	11
内蒙古	33.0	25	20.2	22	45.7	21	25.6	16	2.3	12
辽宁	32.5	26	21.0	17	43.2	28	22.2	28	2.1	22
吉林	34.3	19	23.1	8	44.8	25	21.7	29	1.9	29
黑龙江	33.5	23	22.5	11	43.9	26	21.5	30	2.0	28
上海	29.8	30	14.7	31	42.7	30	27.9	7	2.9	1
江苏	33.2	24	19.3	24	45.4	22	26.1	12	2.4	10
浙江	36.0	8	19.0	25	52.0	2	33.0	2	2.7	3
安徽	33.7	22	20.5	21	46.2	19	25.6	15	2.3	13
福建	36.8	6	19.4	23	52.9	1	33.4	1	2.7	4
江西	36.9	5	20.7	19	51.6	4	30.9	4	2.5	8
山东	37.5	3	23.4	7	49.0	8	25.6	17	2.1	18
河南	34.7	16	22.5	10	45.3	24	22.8	25	2.0	24
湖北	35.7	11	22.7	9	47.6	12	24.9	18	2.1	17
湖南	35.7	10	22.2	14	48.8	9	26.6	10	2.2	15

续表

	总体	排序	男	排序	女	排序	女-男	排序	女/男	排序
广东	34.8	14	17.9	27	49.7	6	31.8	3	2.8	2
广西	35.8	9	21.6	16	48.2	10	26.6	11	2.2	14
海南	33.9	21	18.2	26	47.1	13	28.9	6	2.6	7
重庆	34.0	20	21.8	15	46.0	20	24.2	19	2.1	16
四川	35.5	12	23.4	6	47.1	14	23.6	21	2.0	25
贵州	36.2	7	24.5	3	47.0	15	22.5	26	1.9	30
云南	37.4	4	23.8	4	49.6	7	25.8	14	2.1	19
西藏	43.4	1	32.4	1	51.9	3	19.5	31	1.6	31
陕西	34.8	15	22.4	12	46.5	17	24.2	20	2.1	20
甘肃	35.3	13	23.5	5	46.9	16	23.4	22	2.0	27
青海	39.1	2	25.6	2	51.4	5	25.8	13	2.0	26
宁夏	30.3	29	16.7	29	43.5	27	26.8	9	2.6	6
新疆	31.3	28	17.2	28	46.4	18	29.1	5	2.7	5
最大值	43.4		32.4		52.9		20.5		2.9	
最小值	28.0		14.7		38.9		19.5		1.6	
极差	15.4		17.7		13.9		1.0		1.3	
均值	34.7		21.3		46.9		25.7		2.2	
方差	2.832		3.278		3.124		3.376		0.306	

资料来源:根据第六次人口普查各省区市数据整理编制。

3. 丧偶老年人口女性化的省级差异

如表3-8的数据所示,在全国层面来看,老年丧偶人口的性别结构在近20多年间并未发生大的变动,基本保持在70.0%左右,但城乡差异较为显著,城镇地区老年丧偶人口的女性化程度显著高于乡村地区。老年丧偶人口的性别结构存在较大的省级差异。数据显示,2010年上海市丧偶老人的女性化程度最高,达到了77.2%,比最低的甘肃高出10.1个百分点。从地域分布特点来看,丧偶老人女性化程度相对较高的地区除上海、北京外,主要集中在东南沿海,如浙江、福建、广东、海南等地,新疆丧偶老人的女性化程度也相对较高。西部的西藏、四川、贵州、甘肃及东北黑龙江、吉林等地丧偶老人的女性化程度则相对较低(见表3-8)。

表3-8 2010年分省区市65岁及以上丧偶老人的女性化程度

地区	女性(%)	排序	地区	女性(%)	排序	地区	女性(%)	排序
上海	77.2	1	新疆	71.5	11	河北	69.1	21
广东	76.0	2	安徽	70.5	12	辽宁	69.0	22
海南	75.4	3	山西	70.4	13	陕西	68.9	23
福建	74.6	4	河南	70.0	14	青海	68.8	24
浙江	74.5	5	山东	69.9	15	重庆	68.1	25
北京	73.7	6	云南	69.9	16	西藏	67.8	26
江西	73.2	7	天津	69.8	17	四川	67.5	27
江苏	72.8	8	内蒙古	69.6	18	贵州	67.5	28
宁夏	72.7	9	湖北	69.5	19	吉林	67.2	29
广西	71.8	10	湖南	69.5	20	黑龙江	67.2	30
						甘肃	67.1	31

资料来源:根据第六次人口普查各省区市"5-3 全省分年龄、性别、受教育程度、婚姻状况的人口"数据汇编计算。

4. 丧偶人口老龄化程度的省级差异

在一个相对封闭的人口群体中,丧偶人口的年龄分布在很大程度上取决于已婚人口的分年龄死亡率以及丧偶人口的再婚率。就前者而言,由于中国人口总体的结婚率很高,人口中不婚人口所占比例极低,故可以用总人口的分年龄死亡模式来近似地替代已婚人口的死亡模式。我国目前已经进入现代人口死亡模式,低龄人口死亡率大幅度下降,死亡风险在高龄阶段堆积的程度则趋于增大的"J"字形的格局。通常而言,越是经济社会发达的地区,其人口的死亡风险分布在低年龄段越低,而更趋于集中在高龄的老年人口群体。故丧偶人口的年龄结构应该与人口老龄化的发展趋势同步,是日趋加深加重的发展态势。

与此同时,我们也需要考虑丧偶人口再婚率的差异,丧偶人口再婚后便从丧偶人口群体中分离出去,不再属于丧偶人口。已有的大量研究显示,社会经济条件相对较好的男性丧偶者其再婚的可能性显著高于女性,这可能在一定程度上减缓男性丧偶人口的老龄化程度。

受社会经济发展不平衡的影响,各省区市已婚人口的分年龄死亡率也不尽相同,同时男女两性丧偶人口再婚概率也存在差异,这些因素都会影响到各省区市丧偶人口老龄化程度的性别差异。第六次全国人口普查的数据显示,65 岁及以上的丧偶老人占据了 15 岁及以上丧偶人口的 67.8%,各省区市丧偶人口的老年比例平均为 66.3%。其中,最高的上海(78.2%),比最低的西藏(44.3%)高出了 33.9 个百分点。总体来看,丧偶人口老龄化程度从高到低呈现出较为突出的地域分布特点。相对而言,东部省区市丧偶人口的老龄化程度相对较高,中部其次,西部相对最低。丧偶人口的老龄化程度与各省区市的社会经济发展综合水平具有较强的正相关性(见表 3-9)。

表 3-9 分省区市丧偶人口中 65 岁及以上老人的分布情况(%)

地区	总体	排序	男	排序	女	排序	男-女	排序
全国	67.8		66.1		68.5		-2.4	
北京	75.6	2	79.0	1	74.4	2	4.6	2
天津	72.2	5	74.9	3	71.1	8	3.8	3
河北	67.2	16	65.3	17	68.1	16	-2.8	24
山西	65.7	19	63.7	22	66.5	20	-2.8	25
内蒙古	63.4	24	65.0	18	62.7	25	2.4	7
辽宁	67.8	15	69.8	6	67.0	18	2.8	5
吉林	61.7	27	63.2	23	61.0	27	2.1	8
黑龙江	60.0	28	61.1	28	59.5	28	1.6	9
上海	78.2	1	77.0	2	78.5	1	-1.5	15

续表

地区	总体	排序	男	排序	女	排序	男-女	排序
江苏	73.1	3	70.8	4	74.0	3	-3.2	26
浙江	71.1	7	69.0	8	71.8	7	-2.8	23
安徽	72.2	4	69.1	7	73.6	4	-4.5	28
福建	67.8	14	68.2	10	67.7	17	0.5	10
江西	65.7	20	64.3	20	66.2	21	-1.9	18
山东	70.3	8	65.3	16	72.7	5	-7.4	31
河南	66.4	18	61.9	25	68.6	12	-6.6	30
湖北	66.9	17	64.4	19	68.1	15	-3.7	27
湖南	67.8	12	66.0	14	68.6	13	-2.6	21
广东	69.7	9	69.0	9	69.9	10	-0.9	13
广西	67.8	13	66.2	13	68.5	14	-2.3	20
海南	69.2	11	67.9	11	69.6	11	-1.8	16
重庆	71.7	6	70.2	5	72.4	6	-2.2	19
四川	69.2	10	67.3	12	70.1	9	-2.7	22
贵州	64.3	22	64.1	21	64.4	22	-0.3	12
云南	63.7	23	63.0	24	64.0	23	-1.0	14
西藏	44.3	31	44.3	31	44.2	31	0.1	11
陕西	65.1	21	61.8	26	66.8	19	-5.0	29
甘肃	62.2	26	60.9	29	62.8	24	-1.8	17
青海	57.1	29	58.9	30	56.3	29	2.6	6
宁夏	63.2	25	65.8	15	62.3	26	3.5	4
新疆	55.1	30	61.8	27	52.8	30	9.0	1
最大值	78.2		79.0		78.5		9.0	
最小值	44.3		44.3		44.2		-7.4	
极差	33.9		34.7		34.3		16.5	
平均值	66.3		65.8		66.6		-0.8	
方差	6.4		6.0		6.8		3.4	

资料来源：根据第六次人口普查各省区市“5-3 全省分年龄、性别、受教育程度、婚姻状况的人口”数据汇编计算。

四、小结

本部分利用历次全国人口普查的数据资料，勾画了我国丧偶老人群体的基本人口特征。主要发现如下：在过去的二十多年间，我国老年人口丧偶率大幅度降低，女性老人丧偶率的递减速度快于男性，老年人丧偶的性别差异逐渐缩小；但丧偶老人总体规模却持续增长；相对于有偶老人而言，丧偶老人的年龄结构高龄化的程度更突出，同时城市化水平也相对偏低，文化程度也相对更低，应该成为社会养老服务的重点关注群体。

不同省区市老龄人口丧偶率的差异较大，且老年人口的丧偶率与地区经济社会发展水平之间没有呈现出明显的相关关系，其差异产生的原因有待进一步研究。总体而言，丧偶老人群体呈现出明显的女性化色彩，总体的女性化率在70%左右。同样，各地区之间丧偶老人的女性化程度也存在差异。

不同省区经济社会发展水平，特别是文化风俗的差异，会带来丧偶老人内部的差异性分化。在今后的研究中应对不同省区丧偶老人群体进行进一步的比较研究，以更好地揭示丧偶老人群体内部的共性与差异性，为更精准地进行相关丧偶的公共政策设计提供扎实的研究基础和成果。

第 四 章

丧偶老人的经济保障状况

丧偶老人的经济保障状况对其社会地位和生活质量至关重要。大量的实证研究显示,丧偶,特别是作为家庭主要经济支柱的男性配偶的离世,往往会带来老年人家庭经济状况的显著下降,进而增大丧偶者陷入贫困的风险。丧偶老年妇女的经济安全方面所面临的问题,需要我们给予特别的关注(杨菊华,2011)。能否享有稳定的社会养老保障、主要生活来源是否具有相对独立性和自主性、实际收入水平如何以及是否拥有房产或土地等重要的资产,是考量现代丧偶老人经济保障状况的四个重要维度。本章将围绕以上四个方面对丧偶老人的经济保障状况进行深入分析。

一、社会养老保险享有状况

1. 社会养老保险享有率

建立现代社会养老保险制度的初衷是保障老年人退出社会劳动后能

享有独立和自主的基本生活来源,对维护老年人的社会经济地位具有重要意义。数据显示,45.9%的丧偶老人享有社会养老保险,比有偶老人低9.0个百分点;丧偶老人的社会保障覆盖率呈现出显著的城乡和性别差异。其中,城镇丧偶老人的社会养老保障享有率为62.2%,远高于农村丧偶老人的35.8%;女性丧偶老人的社会保障覆盖率也显著低于男性丧偶老人(见表4-1)。①

表4-1　分婚姻状况、城乡、性别老年人社会养老保险享有情况(%)

	有偶			丧偶		
	男	女	合计	男	女	合计
城镇	82.6	67.9	76.2	80.6	57.9	62.2
乡村	41.0	35.1	38.6	39.7	33.9	35.8
合计	58.3	50.0	54.9	50.6	44.1	45.9

由于长期以来中国实行与就业高度关联的社会养老保障制度,相对男性丧偶老人而言,女性丧偶老人的社会劳动参与率及职业层次均相对偏低,导致她们社会养老保险的享有程度显著低于老年男性。农村社会养老保险制度的长期缺位,则是导致农村丧偶老人社会养老保险显著低于城镇丧偶老人的根源。随着近些年社会养老保险制度建设,特别是城乡基本养老保险制度的不断完善,这一情况已经有了很大改善。

2. 社会养老保险享有类型

中国的社会养老保障制度与个人所处地域、就业状况,特别是单位性质和职业密切关联,呈现出多种不同保障水平的社会养老保险类型并存的格局。首先是城乡丧偶老人的养老保险类型具有显著差异:城镇丧偶老人

① 近些年中国农村新型养老保险推进速度较快。在2013年政府工作报告中已经宣布"城乡居民基本养老保险实现了制度全覆盖"。本次调查时点为2010年12月,数据所反映的老年妇女的社会养老保障情况已经有了较大的改变。

以城镇职工基本养老保险为主。相对城镇男性丧偶老人而言,城镇女性丧偶老人享受机关事业单位离退休待遇这类较高水平的养老保险的比例明显偏低,而享受城镇居民养老保险和农村社会养老保险的这类近些年国家大力推行的社会养老保险的比例则明显高于男性;在享有社会养老保险的农村丧偶老人中,87.9%是近些年国家大力推行的新型农村社会养老保险制度的受益者。相对而言,农村丧偶老年妇女中享受城镇职工基本养老保险及党政机关离退休待遇这类高保障水平保险的比例明显低于农村丧偶老年男性(见表4－2)。

表4－2　分城乡、性别丧偶老年人享有社会养老保险的类型(%)

	城镇			乡村			总体		
	男	女	合计	男	女	合计	男	女	合计
城镇职工基本养老保险	61.8	56.7	58.0	5.4	2.6	3.6	29.4	32.8	31.8
机关事业单位离退休待遇	21.8	10.9	13.6	7.8	1.1	3.5	13.8	6.6	8.7
城镇居民养老保险	4.1	17.5	14.2	2.0	1.9	1.9	2.9	10.6	8.4
农村社会养老保险	10.0	10.2	10.1	81.4	91.4	87.9	51.0	46.1	47.5
其他社会养老保险	2.3	4.7	4.1	3.4	3.0	3.1	2.9	3.9	3.6
合计	100.0	100.0	100.0	100.0	100.0	100.0	100.0	100.0	100.0

3. 缺乏社会养老保险的原因

调查显示,无论城乡,传统养老观念、居民养老保险制度缺失和养老保障政策宣传、实施不到位都是丧偶老人无法享有社会养老保险的主要原因。总的来看,无论城乡,1/3的丧偶老人秉持养儿防老的传统养老观念而没有考虑社会养老保险,这一比例显著高于对应地区有偶老人的相应比例;值得注意的是,农村地区老年人更主要是由于当地的相关政策实施不到位而缺乏社会养老保险，而不了解当地社会养老保障政策相关的信息也是影响丧偶老人社会养老保险享有的另一个重要原因。

总的来看，丧偶老人无法享有社会养老保险主要原因的排序存在一定的城乡和性别差异。相对而言，城镇老年人没有社会养老保险首先是由于"靠子女赡养，不需要"，其次是"自己有养老钱，不需要"及"以前的单位没有提供"，三者合计占到七成多；而在农村，主要原因则首先是"自己有养老钱，不需要"，其次才是"靠子女赡养，不需要"及"以前的单位没有提供"，与城镇的排序略有不同，且三者合计达到九成左右（见图4－1）。

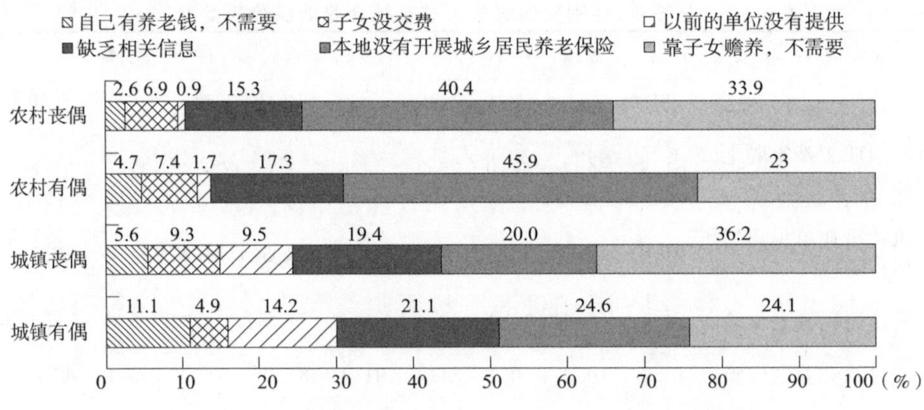

图4－1 分婚姻状况、城乡老年人无社会养老保险的原因

从性别差异来看，则无论城乡，女性丧偶老人由于传统的养儿防老观念、缺乏相关政策信息和子女没交费而无法享有的比例高于男性丧偶老人。这可能与女性丧偶老人受传统观念的影响更深，同时由于她们自身的经济独立性较差，一些地区实行老年人社会养老保险与子女缴费捆绑的不合理制度有关。相对而言，男性丧偶老人更多是由于当地社会养老保障制度未建立而不能享有。同时，由于他们自己有养老钱而不需要社会养老保险的比例也明显高于女性丧偶老人（见表4－3）。

表 4－3 分城乡、性别丧偶老年人无社会养老保险的原因(%)

	城镇		农村		全国	
	男	女	男	女	男	女
本地没有开展城乡居民养老保险	7.7	5.4	3.1	2.3	3.6	3.3
靠子女赡养,不需要	36.5	36.2	31.4	35.0	31.9	35.4
缺乏相关信息	11.5	9.3	1.8	0.5	2.8	3.3
子女没交费	3.8	9.9	5.4	7.6	5.2	8.4
自己有养老钱,不需要	23.2	19.6	42.8	39.4	40.8	33.0
以前的单位没有提供	17.3	19.6	15.5	15.2	15.7	16.6
合计	100.0	100.0	100.0	100.0	100.0	100.0
N	123	250	654	539	777	789

丧偶老年人,特别是城镇老年人,在社会养老保障享有状况上的性别差异,与其是否具有正规就业的经历有关。相对而言,在重男轻女的文化传统影响下,女性丧偶老人在青少年时期接受教育的机会显著少于同龄男性,而“男主外,女主内”的传统社会性别分工,又使得她们承担子女养育和家人照料等无酬劳动,较多妇女在青壮年时期的社会劳动参与程度要明显低于男性。她们更多从事非正规就业,且其职业层次相对偏低(蒋永萍,2003)。这是导致丧偶老年妇女晚年享有社会养老保险程度和水平明显低于男性的重要原因,也是世界各国普遍面临的一个问题。对此,一些国家采取建立覆盖全民的基本养老保险制度,以消除男女因社会性别角色分工差异而导致的社会养老保险享有上的差异(Stephen,2009)。也有国家在社会养老保险制度中设立如遗属养老保险等,加强对丧偶老人的经济保障,这对中国来说具有很好的借鉴意义。

二、主要生活来源

是否有相对独立和稳定的收入渠道，关系到丧偶老人的经济自主和生活独立，是影响其社会地位的重要因素。对丧偶老人主要生活来源性别差异的深入分析，对制定具有社会性别视角的社会养老保障制度及有关政策具有重要意义。

1. 主要生活来源

相对而言，以自己的离休金、退休金、养老金，自己的劳动或工作所得，积蓄和房屋、土地等租赁收入这 4 种渠道来获取主要生活来源，对其他人的依赖低，可以在一定程度上视为老年人自己具有相对独立的收入来源，分析中将上述 4 种渠道归为“靠自己”；而配偶的收入和其他家庭成员的资助则体现了老年人对其他人的经济依赖，在此将其归为“靠家人”。

总的来看，超过半数的丧偶老人的主要生活来源是靠其他家庭成员提供，其中丧偶老年妇女对子女的经济依赖更为明显；38.7% 的丧偶老人具有相对独立的生活来源。相对而言，男性丧偶老人自己获得主要生活来源的比例达到 51.0%，明显高于女性丧偶老人的 34.1%（见表 4－4）。与有偶老人的主要生活来源相比，丧偶老人主要靠自己的比例显著偏低，丧偶老人的经济独立性比有偶老人更为堪忧。丧偶老年妇女的贫困化也是一个世界各国都面临的普遍性问题（杨菊华，2011）。在所有老年贫困人口中，50% 以上是寡妇（Simon－Rusinowitz，et al.，1998；AOA，1999）。相比之下，妻子的离世却会降低鳏夫的贫困风险（Mclaughlin and Jensen，2000）。

表 4－4　分婚姻状况、性别老年人口的主要生活来源（%）

	有偶			丧偶		
	男	女	合计	男	女	合计
靠自己	70.6	47.6	61.1	51.0	34.1	38.7
自己的离休金、退休金、养老金	42.2	29.8	37.1	29.3	24.0	25.5
自己劳动或工作所得	21.8	12.7	18.0	14.1	5.1	7.5
积蓄	5.0	3.8	4.5	6.4	3.6	4.3
房屋、土地等租赁收入	1.6	1.4	1.5	1.3	1.4	1.4
靠家人	24.4	49.3	34.7	43.9	56.0	52.7
配偶的收入	1.4	20.4	9.3	—	—	—
其他家庭成员的资助	23.0	28.9	25.4	43.9	56.0	52.7
政府、社团的补贴、资助	4.7	3.0	4.0	4.7	8.6	7.6
其他	0.3	0.0	0.2	0.3	1.3	1.0
合计	100.0	100.0	100.0	100.0	100.0	100.0

2. 主要生活来源的城乡差异

整体而言，城镇丧偶老人主要生活来源的稳定性和独立性显著高于农村丧偶老人，其中经济独立性最低的是农村丧偶老年妇女群体，她们中仅有不到两成的人的主要生活来源是靠自己。但值得注意的是，长期以来，中国农村老人的劳动参与率一直明显高于城镇老人。受到改革开放以来农村青壮年劳动力大量外出的影响，农村老人的劳动参与率在近 10 年来持续上升，这使得当前农村丧偶老人依靠自己“劳动收入”的比例远远高于城镇丧偶老人。但相对于农村有偶老人而言，丧偶老人能够主要靠自己的劳动所得作为主要生活来源的比例均显著低于有偶老人（见表 4－5）。

表 4－5　分婚姻状况、城乡、性别老年人口的主要生活来源(%)

	有偶				丧偶			
	城镇		乡村		城镇		乡村	
	男	女	男	女	男	女	男	女
靠自己	88.4	64.0	57.9	33.9	81.1	54.0	40.3	19.4
自己的离休金、退休金、养老金	80.0	59.2	15.2	5.4	75.1	48.8	12.8	5.8
自己劳动或工作所得	5.4	2.4	33.5	21.2	2.6	1.6	18.2	7.7
积蓄	2.5	1.4	6.8	5.7	1.9	2.9	8.1	4.0
房屋、土地等租赁收入	0.5	1.0	2.4	1.6	1.5	0.7	1.2	1.9
靠家人	8.7	34.0	35.7	62.1	15.6	31.4	54.1	74.2
配偶的收入	1.1	22.6	1.7	18.5	—	—	—	—
其他家庭成员的资助	7.6	11.4	34.0	43.6	15.6	31.4	54.1	74.2
政府、社团的补贴、资助	2.6	2.0	6.1	3.9	3.3	11.9	5.2	6.1
其他	0.3	0.0	0.3	0.1	0.0	2.7	0.4	0.3
合计	100.0	100.0	100.0	100.0	100.0	100.0	100.0	100.0

3. 不同丧偶老人群体主要生活来源的差异

除了城乡差异外,不同受教育程度、年龄以及职业的丧偶老人群体,其主要生活来源也存在较大的差异。

数据显示,具有较高受教育程度的丧偶老人其经济独立性显著高于受教育程度相对较低者。在具有高中及以上受教育程度的丧偶老人中,85.7%的人主要生活来源是靠自己。这一群体依靠自己的离休金、退休金、养老金作为自己主要生活来源的比例高达79.0%,远远高于其他受教育程度的丧偶老人。他们中仅有1成左右的人主要靠其他家庭成员的资助生活,主要依靠“政府、社团的补贴、资助”的比例不到3%;在不识字或识字较少的丧偶老人中,则仅有25.9%的人是靠自己,64.4%的人主要依赖家人。他们靠“政府、社团的补贴、资助”的比例也是最高的(见表4－6)。

表 4-6　不同受教育程度丧偶老人的主要生活来源(%)

	不识字或识字少	小学	初中	高中及以上
靠自己	25.9	45.2	71.8	85.7
自己的离休金、退休金、养老金	14.1	27.9	56.8	79.0
自己劳动或工作所得	6.5	9.3	11.2	4.8
积蓄	4.0	6.2	3.5	0.0
房屋、土地等租赁收入	1.3	1.8	0.3	1.9
其他家庭成员的资助	64.4	47.1	21.0	11.0
政府、社团的补贴、资助	8.3	7.2	6.6	2.8
其他(请注明)	1.4	0.5	0.6	0.5
合计	100.0	100.0	100.0	100.0

数据显示,不同年龄丧偶老人主要生活来源具有显著的差异性:低年龄组丧偶老人主要生活来源的独立性明显高于高年龄组的丧偶老人。这可能是由于相对低龄的丧偶老人中青年时期的社会劳动参与率要高于年龄较大的丧偶老人,其社会养老保险的享有率高于后者。同时,相对低龄的丧偶老人也有更多继续参与社会劳动的可能。他们依靠自己劳动或工作所得的比例也更高。另外,相对高龄的丧偶老人对家人特别是其他家人的经济依赖则显著高于低龄组的丧偶老人。这一方面是由于高龄丧偶老人的经济自立能力降低,另一方面也与他们丧偶率更高有关。同时,相比低龄丧偶老人而言,高龄丧偶老人主要依靠“政府、社团的补贴、资助”来维持生活的比例也相对较高(见表 4-7)。

表 4-7　不同年龄组丧偶老人的首要生活来源(%)

	65~69 岁	70~74 岁	75~79 岁	80 岁及以上
靠自己	49.4	41.0	38.4	27.7
自己的离休金、退休金、养老金	25.9	25.0	29.3	22
自己劳动或工作所得	16.6	9.0	4.2	1.6
积蓄	4.1	5.5	4.2	3.5

续表

	65～69岁	70～74岁	75～79岁	80岁及以上
房屋、土地等租赁收入	2.8	1.5	0.7	0.6
靠其他家庭成员的资助	41.0	50.5	53.8	63.5
政府、社团的补贴、资助	8.6	7.5	6.7	7.6
其他	1.0	1.0	1.1	1.2
合计	100.0	100.0	100.0	100.0

三、收入水平及支配情况

1. 收入水平的差异性

收入水平是衡量老年人口经济保障状况的重要指标。80%处于贫困的寡妇是在丈夫去世后更加贫困的，离婚老年女性比同龄的丧偶女性具有更高的贫困率（National Economic Council, 1998；Estes et al., 1999；Weitz et al., 2001）。

相关分析显示，不同地域、年龄组、受教育程度和职业情况的丧偶老人收入水平及其性别差距存在显著差异：

2010年，第三期中国妇女社会地位调查显示丧偶老人的年均收入为5 257元，仅为有偶老人的56.1%；生活在乡村的丧偶老人年收入仅为1 933元，仅为城镇对应群体的18.3%；女性丧偶老人的年收入显著低于男性，仅为后者的66.3%。总体而言，随着老年人其他社会经济条件的提升，丧偶与有偶老人、男性与女性丧偶老人的收入差距趋于缩小。

不同年龄组的丧偶老人的收入水平在男女之间呈现出不同的特点：在男性丧偶老人群体中，年收入水平与年龄呈正向的相关性，可能的解释是能够存活到80岁高龄的男性，通常是具有较高社会经济地位的人，较高的收入水平使得他们比其他低收入的男性能享受到更好的医疗保健资源；而在女性丧偶老人群体中，则是75～79岁组达到峰值，80岁及以上的收入水平则是最低。女性有偶老人群体中也同样存在类似现象。对此可能的解释是女性的生存概率与其收入水平之间的相关性比男性小，能够活到高龄的女性可能对收入等物质条件的依赖较小。

未参加过社会劳动的丧偶老人收入水平显著低于有就业经历的丧偶老人，而在有就业经历的丧偶老人中，单位负责人、专业技术人员和办事人员等职业层次相对较高的收入水平显著高于生产运输工人和商业服务业人员，农业生产人员的收入水平最低，各群体收入的性别差距也呈现出高层次小、低层次大的特点。

与就业状况的格局类似，受教育程度相对较高的丧偶老人收入水平也显著高于受教育程度相对较低者，同时性别差距也是高层次小、低层次大的格局（见表4－8）。

表4－8　分婚姻状况、性别、社会经济状况老年人的年均总收入（元，%）

		有偶				丧偶			
		总体	男	女	女/男	总体	男	女	女/男
	总体	9 366	11 323	6 579	58.1	5 257	6 970	4 619	66.3
城乡	城镇	16 791	20 256	12 261	60.5	10 544	17 529	8 962	51.1
	乡村	3 592	4 797	1 765	36.8	1 933	3 211	1 315	40.9
年龄	65～69岁	8 895	10 549	6 879	65.2	4 867	5 626	4 596	81.7
	70～74岁	9 163	10 961	6 700	61.1	5 254	6 600	4 824	73.1
	75～79岁	10 699	13 117	5 996	45.7	5 758	6 835	5 319	77.8
	80岁及以上	10 179	12 653	4 395	34.7	5 096	8 454	3 712	43.9
文化程度	不识字或识字很少	2 855	3 934	2 180	55.4	2 576	2 941	2 494	84.8
	小学	6 834	7 466	5 530	74.1	5 375	5 842	5 079	86.9
	初中	12 770	13 850	10 298	74.4	11 334	12 951	10 206	78.8
	高中及以上	25 116	25 619	23 962	93.5	21 571	22 565	21 041	93.2

续表

		有偶				丧偶			
		总体	男	女	女/男	总体	男	女	女/男
职业	负责人、专业技术人员、办事人员	24 464	24 726	23 764	96.1	22 172	22 348	22 031	98.6
	生产工人及商业服务业人员	14 132	15 102	12 497	82.8	11 629	12 981	11 156	85.9
	农业生产人员	2 679	3 253	1 807	55.6	1 646	2 102	1 428	67.9
	无业人员	1 851	3 390	1 208	35.6	1 693	2 541	1 590	62.6

2. 不同收入来源的收入水平差异

不同生活来源对丧偶老年人的收入水平具有显著影响：无论男女，收入水平最高的都是依靠自己离休金、退休金、养老金为主要生活来源的老人，其次是靠自己劳动或工作所得的老年人；政府、社团补贴，房屋出租和积蓄三种来源的收入水平相差不大，收入水平最低的是主要靠其他家庭成员资助的丧偶老人，且在有偶老人的群体中也一样（见表 4 -9）。

与有偶老人相比，丧偶老人仅在“政府、社团的补贴、资助”一项上收入水平比有偶老人高，在其他各种来源的收入水平上均是丧偶老人显著低于有偶老人。

从性别差异程度来看，在房屋、土地出租这一项目上女性丧偶老人的受益水平高于男性丧偶老人；其他家庭成员资助和政府、社团补贴资助两个渠道男女丧偶老人的收入水平相差不大。性别差距最大的是主要依靠积蓄为主要生活来源的丧偶老人，女性丧偶老人的收入仅为男性丧偶老人的 54.1%。这也折射出男女丧偶老人在青壮年时期创收能力的性别差异。

表 4-9　分城乡、性别、不同主要生活来源老年人的年均总收入及性别差异(元,%)

	有偶				丧偶			
	总体	男	女	女/男	总体	男	女	女/男
自己的离休金、退休金、养老金	20 485	21 788	17 849	81.9	15 680	18 595	14 394	77.4
自己劳动或工作所得	4 901	5 461	3 519	64.5	4 217	5 123	3 250	63.4
政府、社团的补贴、资助	2 006	2 284	1 430	62.6	2 712	2 850	2 683	94.2
房屋、土地等租赁收入	5 975	5 203	7 235	139.1	2 456	2 399	2 477	103.3
积蓄	2 959	3 762	1 397	37.1	2 104	2 881	1 558	54.1
其他家庭成员的资助	1 171	1 416	901	63.7	954	991	943	95.1
总体	9 364	11 325	6 576	58.1	5 257	6 972	4 618	66.2

3. 无收入和低收入丧偶老年群体的性别差异

数据显示,有 35.7% 的丧偶老人处于无收入状态,其中农村的比例达到 44.3%,城镇也有 22.0%;有偶老人的相应比例则分别为 23.0%、29.7% 和 14.5%。同时,女性丧偶老人在无收入和低收入段的比例显著高于同地域的男性丧偶老人。

根据调查获得的丧偶老人总体的收入状况,我们按照收入的五等分位对城乡分性别丧偶老人的收入水平进行了比较分析(见图 4-2)。农村丧偶老年妇女的收入状况在四个群体中是最为低下的,38% 的人处于 0 收入状态,年收入在 1~1 000 元低收入段的占到了 21.3%,年收入超过 10 000 元的仅占到 12.3%;相应地城镇丧偶老年男性是四个群体中收入水平最高的,其收入水平的分布也是最为高端的(见图 4-2)。上述数据揭示了丧偶老人是老年贫困人口主体的现实,也再次印证了国内外大量研究所提出的老年贫困女性化的观点。

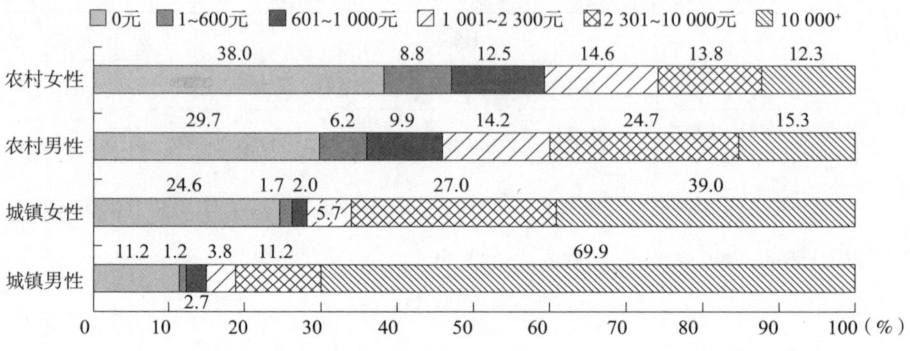

图 4－2　分城乡、性别丧偶老年人年收入分布结构

在国外，老年丧偶女性的贫困化也是非常突出的社会问题。尽管她们的收入低，但是因为她们生活在收入高于贫困线的年轻人所支撑的家庭中，因而不算是贫困人口。当考虑到这些隐性贫困时，55%的老年女性处于贫困之中，老年女性比老年男性更可能生活在接近贫困线或是略高于贫困线上（National Policy and Resource Center on Women and Aging，1996 a）。

4. 收入支配权

总体而言，丧偶老人对自己收入的支配权具有较高自主性：九成以上的丧偶老人对自己的收入具有完全的支配权，城镇高于农村；无论城乡，女性丧偶老人对自己的收入具有完全支配权的比例均略低于同地域的男性丧偶老人；由子女掌控、支配的比例则明显高于男性丧偶老人（见表 4－10）。

分析发现，不同受教育程度、职业及年龄等对丧偶老人的收入支配权并没有显著影响，56.7%的女性有配偶老人是将自己的收入与配偶放在一起共同使用，完全由自己支配的比例为 34.5%，两者合计达到 91.2%，明显高于有配偶老年男性的相应比例（79.2%）。这与老年男性更多依赖于妻子进行家庭财务管理的家庭角色分工有关。而在女性丧偶老人中，她们将自己的收入交由子女掌控的比例略高于对应的老年男性。

表 4-10　分性别、婚姻状况老年人对自己收入的支配情况（%）

	丧偶		有配偶	
	男	女	男	女
完全由自己支配	92.0	89.0	32.2	34.5
和配偶的放在一起共同使用	—	—	47.0	56.7
由子女掌握、支配	8.0	11.0	1.9	1.3
大部分交给配偶，由配偶支配	—	—	18.9	7.5
合计	100.0	100.0	100.0	100.0

丧偶老年女性并不是因为上了年纪才贫穷，而是她们长期所处的环境（如雇佣和照料模式以及是否获得充足工资、养老金和全额社会保障金）使其更容易贫穷（Chodhury et al.，1997）。女权主义老年学家提到，在我们的文化中当更多女性进入老年后，年龄加剧了女性已经降低的社会地位，使其更加无助（Holstein，1993；Browne，1998；Garner，1999；Moen，1996，2001）。由于性别和年龄形成一个有力的体系，对生命过程中的角色、人际关系和资源不平等的形成产生作用。因此只有考虑到它们的相互作用，才能真正了解这两个因素（Moen，2001）。

考虑到这些不平等，人们就不会因为老龄越来越成为女性的问题而感到奇怪。老年女性更有可能比同龄男性贫穷，得不到宽裕的退休金，成为寡妇、离婚、独居，更有可能生活在提供帮助的护理机构或是养老院里，更有可能成为其他亲属的照料提供者。人们一般认为女性面临双重危险，她们更可能因为是老年人和女性而受到歧视。

四、重要资产拥有情况

1. 农村丧偶老人拥有承包土地的情况

数据显示，在具有农业户口的丧偶老人中，79.8%的人拥有自己名下的土地，比有偶老人低 3.2 个百分点，进一步的分性别数据显示，这一差异主要是受到丧偶老年妇女偏低的承包土地所有权所致。总的来看，丧偶的老年妇女其拥有承包土地的比例仅为78.1%，低于有偶老年妇女3.5个百分点，比丧偶老年男性更是低了5.8个百分点（见图4－3）。

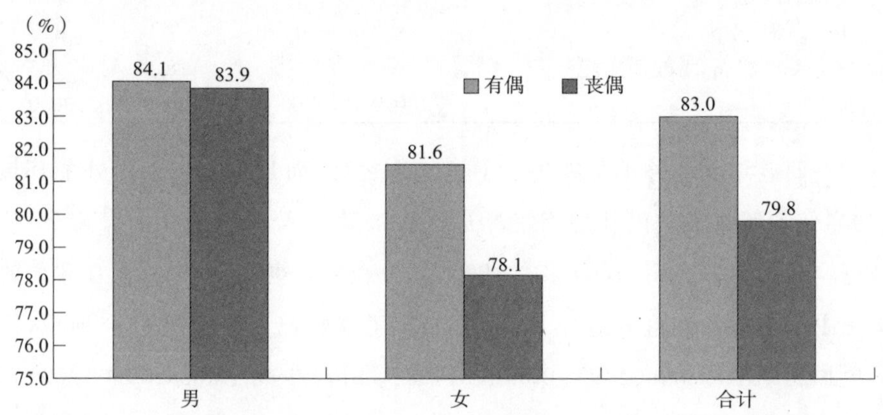

图4－3　分婚姻状况、性别农业户口丧偶老人拥有承包土地的情况

不同地区之间农村丧偶老人拥有自己名下土地的比例存在显著差异：相对而言，京津沪地区农村丧偶老人的土地拥有率最低，东部、西部、中部地区农村丧偶老人的土地拥有率相对最高。丧偶老人土地拥有情况上的地区差异，在很大程度上可能与各个地区城镇化、工业化水平有关。分析显示，年龄、婚姻状况等对丧偶老人是否拥有自己名下土地影响不明显。

无论男女，土地被征用、流转、入股都是他们失去土地的最主要原因。56.5%的农村丧偶老人因此失地。相对而言，男性因此失地的比例为54%。值得关注的是，在因此失地的丧偶老人中，女性未能获得相应的补偿的比例高于男性，这无疑会进一步加重在经济状况上原本就处于相对弱势的农村丧偶老人的生活困难。

导致农村老人无地的第二个主要原因是“从未分到过”。其中，男性占到23.4%，女性为18.8%。这可能是有些农村地区原本就无地或一直实行集体生产管理等制度性原因所致。男性丧偶老人无自己名下土地的另一重要原因是转移给子女，达到 15.3%。女性的相应比例则仅为 6.6%。值得关注的是丧偶老年妇女由于婚姻变动而失去承包土地，明显高于男性。这是土地承包中所存在的对妇女权益保护不到位的结果，也是至今农村妇女权益维护的一个重点和难点问题（见图 4－4）。在拥有自己名下土地的丧偶老人中，男性获得土地相关的收益高于女性。

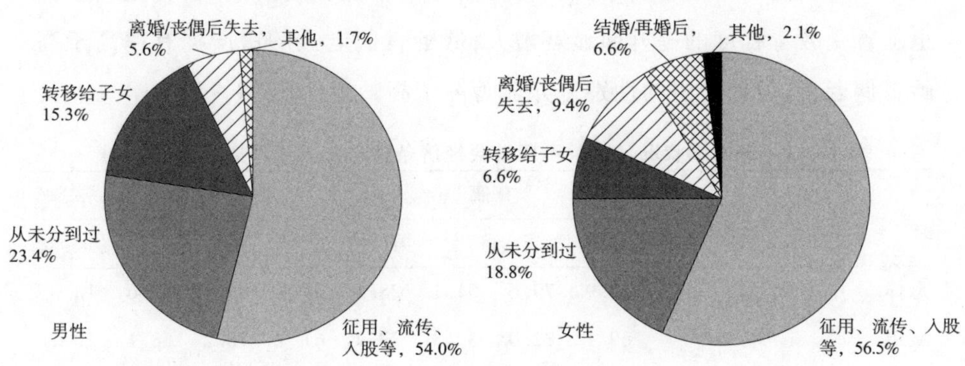

图 4－4　分性别农业户口丧偶老年人没有自己名下土地的原因

2. 丧偶老人拥有自己名下房产的情况

随着住房私有化、市场化的发展，房产成为许多家庭最为重要的资产。老年人是否拥有产权属于自己的住房，在很大程度上决定了其在家庭中的地位，对其晚年的经济保障状况以及居住安排等都具有重要的影响。缺少对房产这一重要生活资源的控制权，会对丧偶老人的经济安全带来很大隐患，也进一步加剧了他们对其他家庭成员的依附程度，削弱了他们生活的独立性。

调查数据显示，55.5% 的丧偶老人有产权属于自己的房产，显著低于有偶老人的 67.9%；其中城镇丧偶老人拥有房产的比例高于农村丧偶老人 10.4 个百分点，无论城乡，女性丧偶老人的房产拥有率均显著低于同地域的男性丧偶老人。

曾经的职业为各类负责人、专业技术人员或办事人员等就业职业层次相对较高的丧偶老人，其房产拥有率明显高于职业层次相对较低的丧偶老人，同时其性别差距也相对较小；从未就业的丧偶老人房产拥有率最低，而从事农业生产的老年人房产拥有率的性别差距最大；受教育程度较高的丧偶老人房产拥有率显著高于受教育程度相对较低的丧偶老人，但性别差异也随着受教育程度的提升而显著增大；低龄丧偶老人的房产拥有率高于高龄丧偶老人，但低龄组的性别差异显著高于高龄组（见表4－11）。

表4－11　分婚姻状况、性别、不同社会经济条件老年人房产拥有情况（%）

	有偶				丧偶			
	总体	男	女	男－女	总体	男	女	男－女
总体	67.9	79.6	51.1	28.5	55.5	68.7	50.6	18.0
城镇	69.1	82.0	52.3	29.7	61.9	78.2	58.1	20.1
乡村	66.9	78.0	50.2	27.8	51.5	65.2	45.1	20.1
负责人、专业技术人员及办事人员	80.0	85.8	64.6	21.2	77.1	82.8	72.4	10.4
生产工人及商业服务业人员	68.1	79.1	49.5	29.6	64.5	74.4	61.2	13.2
农业生产人员	67.3	78.2	50.7	27.5	51.7	63.6	46.0	17.6
无业人员	53.2	69.8	46.1	23.7	49.2	68.7	46.9	21.8
不识字或识字很少	57.1	74.4	46.1	28.3	48.7	57.4	46.7	10.7
小学	69.5	77.5	53.0	24.6	60.9	71.5	54.2	17.3
初中	75.2	83.7	55.6	28.1	71.8	82.8	64.0	18.7
高中及以上	79.1	85.8	63.3	22.5	74.6	89.3	66.4	22.9
65～69岁	69.8	83.7	52.7	31.0	59.7	75.1	54.1	21.0
70～74岁	66.6	78.8	50.0	28.8	58.5	71.8	54.2	17.5
75～79岁	67.1	76.0	49.7	26.2	56.5	70.0	51.2	18.9
80岁及以上	62.4	69.5	46.2	23.3	47.8	59.5	43.2	16.3

五、小结与讨论

1. 对女性丧偶老人经济保障水平偏低的原因分析

定量数据清晰地揭示出，相对于有偶老人而言，丧偶老年人在经济保障方面处于不利境地。他们无论在养老保障的享有还是经济独立性、收入水平、重要资产的拥有方面均较有偶老人的相应水平低、弱。在丧偶老人群体中，女性丧偶老人则又是相对更为弱势的一个群体。国内外对于丧偶老人，特别是丧偶老年妇女在经济保障上的不利境地有诸多的探讨，大致可以归纳为以下三个主要原因：

(1)性别歧视累积的结果

女性丧偶老人在经济保障水平上的不利境地是性别歧视和年龄歧视的产物，是在整个生命历程中长期累积的结果，根源于我们社会性别文化价值体系和社会经济制度——前者包括社会性别的劳动分工、角色定位等，后者包括劳动力市场、社会养老保障制度(彭希哲，2003)等诸多制度的设计和实施中客观存在的性别不平等(谭琳，贾云竹，2013，2014)。“男主外，女主内”是以男权为中心的社会性别制度对男女两性社会角色的限定，使得男性更多地参与社会生产劳动，控制社会中的权力资源；女性则主要在家庭中从事家务劳动，缺乏对家庭以外社会公共事务的参与和管理机会，与此同时，女性所主要承担的家务劳动及照料等的价值，则被主流的社会经济制度所漠视，被视为没有价值或者低价值的劳动，进一步强化了女性在经济上对男性的依赖。

(2)传统社会文化主宰的结果

传统社会文化的主宰使得女性从童年时期接受的教育以及人们对女性以家庭为中心的性别期待，造成女性承担了大量家务劳动及养育子女的

责任。与此同时，在职业女性的职称评定和升迁过程中，评委会及各级领导对女性能力的视而不见及男性优先等潜规则，致使女性职业发展面临重重障碍。调研发现，北京市某单位在男性任三年副处长后，一般都会提拔为正处长，而对于女性，其晋升的机会则明显不如具有同等资质的男性。即使对于职称评定而言，男士优先的现象也非常普遍，以至于女性职业发展直接受到限制。

(3)社会经济体制对生育和家务劳动价值忽视的结果

现阶段我国对公民权利的保障不足，以及人们对妇女照料婴幼儿、病患、老年人及其他家务劳动等社会价值的认识不足，各项社会保障制度设计，尤其是与就业关联的五项社会保险制度，很容易将非正规就业和未就业妇女排除在外，直接导致了妇女养老金享有率低、对家庭成员依赖性强、贫困发生率高等经济保障问题。

老年妇女的家务劳动和人口再生产对家庭和社会的巨大贡献，不但得不到承认和社会保障补偿，而且常常被视为家庭和社会的负担（徐勤等，1992，2007）。基于我国缺乏有关老年妇女的专项政策规定，本课题在梳理和借鉴国外老年妇女经济保障、社会保障政策的基础上，倡导在养老政策中加入社会性别视角，在社会保障措施中给中青年妇女一定的经济补贴；在中青年妇女中倡导积极理财观，未雨绸缪，为进入老年期后的独立生活奠定经济基础。

作为国家应对未来人口老龄化的战略性政策，在处理老年妇女问题时，应该把握现实性政策与战略性政策相结合的思路，从近期和中长期不同阶段给予不同的政策干预。既要关注当前老年妇女迫切需要解决的主要问题，满足她们的现实性政策需求，同时又要采取积极的政策措施，逐步消除性别歧视，缩小男女两性在社会资本积累和享有方面的性别差距，使男女老年人能更加平等、和谐地参与社会发展，分享社会发展的成果。

2. 逐步建立和完善遗属保险制度

丧偶老人的贫困问题是一个全球性的问题，对此西方一些发达国家如美国、瑞典、加拿大等，都已经设立了完善的遗属保障金制度，这一制度对保障去世者家庭成员尤其是女性和未成年子女的基本生活发挥了重要作用，是可以有效缓解丧偶老人特别是丧偶老年妇女陷入贫困的重要制度保障（裴晓梅等，2006）。

其实遗属保险在中国并不是一个新鲜事物，早在1957年和1964年内务部、财政部、国务院人事局曾联合就国家机关、事业单位工作人员遗属临时或者定期补助问题发出过通知，1980年民政部和财政部又联合颁布了《国家机关、事业单位工作人员死亡后遗属生活困难补助暂行规定》。各个单位，主要是国家机关和各企事业单位也对工作人员的遗属给予一定的抚恤金，如丧葬补助费、一次性抚恤金或救济费、供养直系亲属生活、困难补助费或救济费、养老金账户个人缴费及利息部分等。但这些费用的发放多由各地区、各单位根据实际情况来进行处理，国家也仅仅是给出一些指导性的标准，因此并不能完全保障遗属长期生活的基本需求。但这些制度和措施的覆盖面仅限于小部分在政府机关和国有的企事业单位任职的劳动者家庭，具有较强的社会救济与社会优抚色彩，并未被纳入全民的社会保障体系中，因而其能够惠及的人员相对有限。

故此，我们建议应从以下几个方面来逐步完善遗属保险制度：

关于遗属保险的对象：建议将遗属养老金纳入社会保障制度，首先针对有退休金老人的无退休金配偶实行遗属养老金计划，然后再扩大到未成年子女和父母。考虑到目前城市已经有超过50%的老年人享受退休金，排除夫妇两人均有退休金或者均无退休金的老年人，真正能够享受遗属养老金的老年人在老年人口中所占比例并不会很高。2006年城乡老年人生活状况追踪调查数据显示，妻子从未工作（或其他）、丈夫有养老金的被访者分别占 61.8% 和 52.7%，即半数以上的无养老金老年妇女可以通过遗属津贴获得经济保障。

筹资方式：按照多数国家遗属保险的筹资方式，我国也可以采取由雇主、雇员、政府三方负担资金的筹措方式。具体各方面的出资比例应在参考其他国家经验的基础上，根据我国的具体国情通过科学的测算确定。

享受资格：为了有效控制遗属保障支出、同时切实保障遗属利益，推行遗属保险制度的各个国家均将对死者生前的投保年限、配偶与死者的婚龄及其子女情况进行资格审查，这非常值得我们借鉴。从国外的经验来看，绝大部分国家规定了 3 ~ 25 年的投保时间，6 个月至 10 年的婚龄。此外，多数国家还对未成年子女的情况给予了考虑。可以综合考虑我国社会养老保险制度的相关实施规定和条件，确定适当的遗属保险享受资格条件。

保障水平：在兼顾公平与效率的原则下，保证遗属享有适当的津贴水平，以确保其不因配偶的离世而陷入贫困。考虑到我国各地区社会经济发展水平差异较大，各地遗属保险的保障水平应该与各地区的生活水平挂钩，绝对水平不低于当地最低生活保障。

给付方式：我国现行的遗属保险给付方式有一次性给付和按月给付两个主要方式。第一种方式操作管理较为简单，但后者的保障效应可能更明显。对于丧偶老年妇女而言，第一种方式可能由于数额较大，子女会将其作为父亲的遗产要求进行分割，第二种给付方式则可能使遗属保险金更有效地为丧偶老年妇女所拥有，切实用于其自身的生活改善。

最后，在城乡社会保障制度改革中将遗属养老金一并考虑，制定适合中国国情的实施细则，在试点的基础上逐步推广。

第五章

丧偶老人的健康及照料

健康不仅是指没有疾病和残疾,更是指个体生理、心理和社会功能的完好状态。国内外大量的实证研究证实,丧偶事件的发生对于老年人的身心健康都会带来显著的负面影响(曾毅等,2010)。完好的婚姻状况对健康和长寿有益,有配偶者的身心健康状况均好于无配偶者,而且死亡风险也低于无配偶者。无配偶者面临更多健康问题和照料资源的缺失等问题。处于生命周期最后阶段的丧偶老人,其健康状况的好坏直接关系到他们的生存质量,同时也在一定程度上反映出社会公共卫生发展的水平。

性别角色及不平等的性别关系与其他社会和经济变量发生相互作用,造成了不同的、不公平的健康风险,也影响到男女两性在获取和利用卫生信息、保健和服务方面的差异。这些都会对男女两性的健康情况产生明显的影响(WHO,1992)。本章利用调查获取的有关老年人健康及照料方面的数据,侧重从生理健康、心理健康两个维度揭示丧偶老人群体的健康状况,同时结合其享有医疗保障和照料情况,全面揭示丧偶老人在健康和照料方面的现实情况,为进一步剖析丧偶老人的居住安排,特别是照料资源的需求提供基础信息。

一、健康状况

相关研究显示，健康自评很大程度上取决于个人实际的躯体健康状况，经历了严重疾病或长期被慢性病困扰的老年人会降低对自己健康状况的评价（Wilcox，1996）。随着年龄的上升，日常生活能力的下降，老年人也会降低对自己的健康评价（Idler，1999）。国内学者发现，身体健康状况会直接或间接影响到个体的心理健康和精神健康，从而对个体的健康自评产生影响（谷琳，杜鹏，2007）。另外，老年人的生活环境、生活方式、婚姻状况、受教育水平等均会在一定程度上对老年人的健康状况产生影响。

1. 自评健康

健康自评常被用来评价个人的整体健康状况。已有研究表明，健康自评不仅能反映个体机体的健康状态，而且可以很好地概括主客观层面的健康状况（Idler and Yael，1997）。被访者个人的健康自评作为健康状况衡量指标，在评估个体整体身心健康状况时融入了很多个人经历、体验以及在特定文化环境中对健康的理解。尽管自评健康主观性很强，但仍能在一定程度上较直观、综合地反映个体的生理、心理健康等方面的变化。研究发现，健康自评与医生判断的健康状况之间有持续的正相关关系；当两者出现不一致时，个体倾向于对自己的健康状况估计过高，而不是过低。健康自评比医生估计的健康状况更稳定（Maddox，1973）。刘向红等指出健康自评与身体健康状况等客观指标具有良好的一致性（刘向红，方向华等，2002）。社会文化对男女角色、规范和价值的不同要求和评判，使男女的个人经历、健康体验以及健康观念等对其健康自评构成影响。因而，健康自评也是一个具有社会性别意义的衡量健康水平的指标（姜秀花，2013）。

中国妇女社会地位调查自评健康使用的是从“很好”到“很差”的5分类评估。为简化分析，本文将自评为“良好”“很好”及“一般”这3类的均视为健康，将“较差”和“很差”视为不健康。在调查时点上，73.0%的丧偶老人自我感觉处于相对健康状态，男性丧偶老人(75.7%)略高于女性丧偶老人(72.0%)。相对有偶老人而言，无论男女，丧偶老人的自评健康状况均不及对应的有偶老人，而差的比例则均高于对应的有偶老人群体(见表5-1)。

表5-1　分婚姻状况、性别老年人自评健康状况(%)

	有偶			丧偶		
	男	女	总体	男	女	总体
很好	14.6	10.6	12.9	12.1	7.6	8.8
较好	28.4	24.9	27.0	24.6	24.2	24.3
一般	35.7	38.8	37.0	39.0	40.2	39.9
较差	16.7	20.3	18.2	18.6	21.1	20.4
很差	4.6	5.4	4.9	5.2	6.7	6.3
说不清	0.0	0.0	0.0	0.5	0.2	0.3
合计	100.0	100.0	100.0	100.0	100.0	100.0

表5-2的数据显示，生活在城镇的丧偶老人的健康状况显著好于生活在农村的丧偶老人，低龄、受教育程度较高的丧偶老人健康自评为健康的比例显著高于高龄和受教育程度相对较低者，曾经就业且职业层次相对较高的丧偶老人健康自评为健康的比例也显著高于职业层次相对较低者和无业者，不同职业和就业状况的丧偶老人其健康状况的性别差异显著：白领和农业劳动者的性别差异较小，生产工人及商业服务人员的性别差异较大，而在无业的丧偶老年群体中，女性的健康状况显著好于男性。在大多数具有相似社会经济特征的男女老年人之间，女性健康自评为健康的比例都明显低于相应的男性群体，这一现象也同样存在于普通老年群体之中

（贾云竹，2012）。这在很大程度上是由于长期未就业的老年男性更多是由于身体健康问题而退出劳动力市场，而女性则更多是由于处于承担子女养育和家庭照料的责任而退出劳动力市场。

表 5－2　分性别、不同社会经济条件丧偶老年人自评为健康的比例（%）

	总体	男	女	男－女
总体	73.0	75.8	72.0	3.8
城镇	76.7	84.9	74.8	10.1
乡村	70.7	72.5	69.9	2.6
负责人、专业技术人员及办事人员	85.0	86.2	84.1	2.1
生产工人及商业服务业人员	77.3	83.7	75.1	8.6
农业生产人员	73.8	75.4	73.1	2.3
无业人员	64.0	49.0	65.7	－16.7
不识字或识字很少	69.1	68.4	69.2	－0.8
小学	74.5	74.4	74.6	－0.2
初中	83.4	91.1	77.8	13.3
高中及以上	89.0	90.8	88.1	2.7
65～69 岁	77.9	81.9	76.5	5.4
70～74 岁	74.2	77.6	73.1	4.5
75～79 岁	71.9	68.3	73.4	－5.1
80 岁及以上	68.7	76.6	65.6	11.0

2. 生理健康

偏高的慢性病罹患率会导致一系列生理功能上的残障，影响丧偶老人的生活质量。很多国家的数据表明，尽管女性比男性寿命长，但她们比男性经受更多痛苦但不致命的慢性疾病。其中，女性老人罹患多种慢性疾病的情况明显高于老年男性。这意味着她们比老年男性要承受更多疾病的困扰，对医疗服务的需求要更强，而生活质量也相对更差。丧偶老人突出的女性化特点也意味着丧偶老人群体的健康状况更令人堪忧。本次调查列举了心脑血管病、高血压等 8 种老年人常见慢性疾病，由被访者自报是否罹患这些疾病。

调查显示，14.2% 的丧偶老人未遭到慢性病或不良症状的困扰，其中女性比男性低 4.2 个百分点。相对而言，女性丧偶老人带有两种、三种及以上慢性病的比例则显著高于男性丧偶老人，性别差异显著。这与国内外大量的实证研究所揭示的现象一致。与有偶老人相比，无论男女，丧偶老人有一种慢性病或身体不适症状的比例低于前者，而带有两种、三种及以上慢性病的比例则显著高于有偶老人。丧偶老人平均罹患 2.1 种常见慢性疾病，显著高于有偶老人的平均疾病、病症数（见表 5－3）。

表 5－3　分婚姻状况、性别老年人自报慢性病罹患数量（%／种）

	有偶			丧偶		
	总体	男	女	总体	男	女
无疾病/症状	20.9	22.4	18.7	14.2	17.2	13.0
有一种	28.5	29.7	26.7	26.4	31.5	24.6
有二种	22.7	22.1	23.6	24.0	20.8	25.1
有三种及以上	27.9	25.8	31.0	35.4	30.5	37.3
合计	100.0	100.0	100.0	100.0	100.0	100.0
平均疾病、症状数	1.8	1.7	1.9	2.1	1.9	2.2

进一步的数据显示，不同社会经济特征的丧偶老人罹患慢性疾病数量存在一定的差异性：城镇丧偶老人的平均疾病、病症数差异不显著；文化程度较高、职业地位相对较高的丧偶老人慢性病平均疾病、病症数显著低于文化程度和职业地位相对较低的群体；越到高龄，丧偶老人的慢性病平均疾病、病症数也越多（见表 5－4）。

表 5-4 分性别、不同社会经济特征丧偶老人群体慢性病平均疾病、病症数(种)

	男	女	女-男
城镇	1.9	2.1	0.2
乡村	1.9	2.2	0.3
不识字或识字很少	2.1	2.3	0.2
小学	1.8	2.0	0.2
初中	1.7	2.0	0.3
高中及以上	1.8	1.8	0.0
65~69 岁	1.5	1.7	0.2
70~74 岁	1.6	2.1	0.5
75~79 岁	2.2	2.3	0.1
80 岁及以上	2.2	2.5	0.3
负责人、专业技术人员及办事人员	2.0	2.0	0.0
生产工人及商业服务业人员	1.7	2.1	0.4
农业生产人员	1.8	2.1	0.3
无业人员	2.2	2.3	0.1

3. 心理健康

随着人们对健康内涵理解的不断深化,心理健康已经成为衡量健康状况不可或缺的一个重要维度。国内外老年心理学界开发了一系列测度老年人心理健康的评估量表,并利用大量的实证调查数据揭示丧偶老年人心理健康的状况。总体而言,绝大多数研究支持丧偶老人心理健康较同龄的有偶老人差(曾毅等,2010;陈立新等,2005),这可能与丧偶老人缺乏稳定独立的经济保障、受教育水平更低、社会参与机会少等因素有关。

借鉴国内有关老年人心理健康状况的简单测量量表,本次调查从以下8个方面对老年人的心理健康状况进行了测度。原始的数据分别询问了老年人对各种说法是否符合自己状况,按照非常符合=1、比较符合=2、不太符合=3、很不符合=4和说不清=8进行记录。为了方便分析,笔者对各题项按照是否为积极的心理状态分别进行重新编码赋值,如表5-5中所有带(+)的题项,“非常符合=10”“比较符合=5”“说不清=0”“不太符合=-5”“很不符合=-10”;而对带(-)的题项,则是“非常符合=-10”“比较符合=-5”“说不清=0”“不太符合=5”“很不符合=10”,这样所有题项得分均是分值小于0为相对消极,大于0则为相对积极,各题项均为得分越高表明心理状况越积极、健康。在此基础上通过等权重的简单加权合成为一个心理健康综合指数。最终的统计结果见表5-5。

总体而言,丧偶老人的心理状况明显异于有偶老人,且性别差异非常显著:其心理健康综合指数为3.0,其中男性为3.3,女性则仅为2.8,显著低于有偶老人的对应分值。

从各种心理健康状况来看,丧偶老人“不论遇到什么事我都能想得开”的得分最高为5.5分,其次是“自己的事情自己说了算”(4.8分)和“喜欢与人交往、相处”(4.7分)。丧偶老人在“愿意了解、学习新东西”方面得分严重偏低,女性丧偶老人仅为-1.3分,男性为0.0分。此外,丧偶老人在“经常觉得孤独”“觉得自己没用”等消极心理上得分偏低,说明他们在这方面面临的心理问题更多。在各个心理问题上,男性丧偶老人的得分明显高于女性丧偶老人。但无论男女,有偶老人的得分均高于丧偶老人(见表5-5)。

表5-5　分婚姻状况、性别老年人心理健康状况(分)

	有配偶			丧偶		
	总体	男	女	总体	男	女
不论遇到什么事我都想得开(+)	6.0	6.2	5.6	5.5	5.9	5.3
自己的事情自己说了算(+)	5.1	5.6	4.5	4.8	5.4	4.5
喜欢与人交往、相处(+)	5.2	5.1	5.2	4.5	4.5	4.5
愿意并且能够帮助别人(+)	5.1	5.1	5.2	3.7	3.8	3.7
经常感到紧张、害怕(-)	4.8	5.2	4.2	3.7	4.6	3.4
觉得自己没用(-)	4.1	4.4	3.6	2.1	2.5	1.9

续表

	有配偶			丧偶		
	总体	男	女	总体	男	女
经常觉得孤独(-)	4.4	4.6	4.1	0.4	0.0	0.5
愿意了解、学习新东西(+)	1.1	1.7	0.2	-1.0	0.0	-1.3
综合得分	4.5	4.7	4.1	3.0	3.3	2.8

统计检验显示,文化程度较高、年龄较低的丧偶老人心理健康状况相对较好。不同职业的老年人心理健康状况也存在显著差异,其中担任过负责人、专业技术人员及办事人员的心理健康状况显著好于其他职业的丧偶老人,农业生产人员的心理健康状况最差。不同社会经济特征丧偶群体内部的性别差异状况呈现出不同的特点(见表5-6)。

表5-6　分性别、不同社会经济条件丧偶老年人心理健康综合指数(分)

	男	女	女-男
城镇	3.5	3.0	-0.5
乡村	2.4	1.7	-0.7
不识字或识字很少	1.8	1.7	-0.1
小学	2.9	2.8	-0.1
初中	3.5	4.0	0.5
高中及以上	4.6	4.8	0.2
65~69岁	3.1	2.9	-0.2
70~74岁	3.1	2.5	-0.6
75~79岁	2.7	2.1	-0.6
80岁及以上	2.0	1.5	-0.5
负责人、专业技术人员及办事人员	4.3	4.8	0.5
生产工人及商业服务业人员	3.1	3.2	0.1
农业生产人员	2.2	1.8	-0.4
无业人员	2.3	1.9	-0.4

二、医疗保障及保健状况

1. 医疗保险享有情况

随着新型农村医疗保障制度的完善，丧偶老人社会医疗保险的享有率已经达到94.2%，其中城镇丧偶老人为91.4%，略低于农村丧偶老人的95.9%。相对而言，城镇丧偶老年人医疗保障的性别差异明显大于农村；无论城乡，与有偶老人群体相比，丧偶老人的医保享有率也相对偏低（见表5－7）。

表5－7　分婚姻状况、性别、城乡老年人医保享有率（%）

	有偶			丧偶		
	总体	男	女	总体	男	女
城镇	95.8	96.0	95.5	91.4	94.1	90.8
乡村	97.2	97.0	97.5	95.9	96.9	95.4
合计	96.6	96.6	96.6	94.2	96.2	93.4

从丧偶老人社会医疗保险的享有类型来看，在城镇排在第一位的是城镇职工基本医疗保险（40.0%），其次是城镇居民基本医疗保险（32.2%），还有19.0%的人享受新型农村合作医疗，此外有6.8%的城镇丧偶老人享受保障水平最高的公费医疗/劳保医疗。与同地域的男性丧偶老人相比，城镇女性丧偶老人的社会医疗保险更多集中在保障水平相对较低的类型上，性别差异较为突出。相对而言，农村丧偶老人享有的社会医疗保险类型则相对单一，96.3%的农村丧偶老人均是新型农村合作医疗，性别差异不大（见表5－8）。

表 5－8　分城乡、性别丧偶老人享有社会医疗保险的类别(%)

	城镇			乡村		
	总体	男	女	总体	男	女
城镇职工基本医疗保险	40.0	56.8	35.9	1.5	2.8	0.9
公费医疗/劳保医疗	6.8	14.8	4.9	0.9	2.4	0.1
城镇居民基本医疗保险	32.2	10.1	37.5	1.3	1.0	1.4
新型农村合作医疗	19.0	17.1	19.5	96.3	93.8	97.5
其他社会医疗保险	2.0	1.2	2.2	0.0	0.0	0.1
合计	100.0	100.0	100.0	100.0	100.0	100.0

而对于目前仍然没有享有任何社会医疗保险的丧偶老人而言，最主要的原因是“自己没钱上”，占到了 50.9%，其次是“缺乏相关信息”，占 17.2%，9.4%的丧偶老人则是由于自己不符合居住地的投保条件，认为自己身体好不需要的也占 7.1%。

2. 健康管理和干预

调查显示，七成以上的丧偶老人对自身疾病或不适症状会采取“在医生指导下进行治疗”，六成多的丧偶老人会采取“自己到药店买药治疗”以及“自我调节”等积极治疗措施。其中，女性丧偶老人在医生指导下进行治疗的比例高于男性丧偶老人。与有配偶者相比，丧偶老人对自己疾病的管理干预情况相对较差，婚姻状况对老年人健康管理干预的差异性显著（见表 5－9）。

表 5－9　分婚姻状况、性别丧偶老人的医疗保健行为比较(%)

	有偶			丧偶		
	总体	男	女	总体	男	女
在医生指导下进行治疗	74.2	73.3	75.5	70.8	68.8	71.5
自己到药店买药治疗	72.0	71.2	73.1	66.5	67.2	66.3
自我调节（如锻炼、加强营养、改善生活习惯等）	68.8	69.8	67.5	61.6	63.1	61.1
其他措施	22.0	22.2	21.7	21.7	20.2	22.2

进一步的数据分析显示，丧偶老人的健康管理和干预情况与其文化程度、年龄、职业状况之间存在显著相关性：文化程度高、职业地位高、年龄相对较低的丧偶老人对自身疾病的积极管理和干预显著高于相应的对照群体。

丧偶老人健康状况差。相应地，他们对医疗保健的需求也应该更高。但是受制于医疗保障制度和自身经济收入水平，丧偶老人实际享用的医疗卫生资源却较为有限，这在农村尤为突出。有25.3%的丧偶老人最近3年有过身体疾病拖着不去看医生的经历。相对而言，女性丧偶老人拖病不就医的比例比男性丧偶老人高出3.4个百分点。但值得关注的是，性别差异在不同社会经济特征的群体间呈现出不同的特点（见表5－10）。

表5－10　分性别、不同社会经济状况丧偶老年人有病不就医的情况（%）

	男	女	女－男
总体	22.7	26.1	3.4
城镇	16.9	22.1	5.2
乡村	24.9	29.2	4.3
不识字或识字很少	32.1	29.0	－3.1
小学	20.0	21.2	1.2
初中	14.3	21.9	7.6
高中及以上	4.7	17.1	12.4
65～69岁	17.1	25.6	8.5
70～74岁	27.0	27.3	0.3
75～79岁	28.3	24.9	－3.4
80岁及以上	17.9	26.6	8.7
负责人、专业技术人员及办事人员	10.8	13.0	2.2
生产工人及商业服务业人员	17.5	22.3	4.8
农业生产人员	26.0	28.6	2.6
无业人员	29.8	27.5	－2.3

丧偶老人有病不看的原因中，排在第一位的是“病情不重没必要”（52.1%），第二位为“付不起医药费”（51.0%），第三位的则是“看病不方便”（25.1%）。城镇丧偶老人“怕去医院查出更多的病”的比例显著高于农村丧偶老人。此外，还有一成左右的老年人是对医疗服务缺乏信心，觉得去医院没用。

3. 医疗费用负担情况

丧偶老人被访者前一年看病、吃药的总花费约为 2 251 元，分性别来看，男性花费为 1 857 元，女性花费为 2 397 元。丧偶老年妇女的医疗费用支出显著高于丧偶老年男性，但均低于相应的有偶老人群体（见表 5－11）。

总的来看，丧偶老人群体自己负担医疗费用的比例（73.7%）要高于有偶老人（70.1%），但性别差异较为突出。有偶男性老人的相应比例则最低，仅为 66.6%；女性丧偶老人自己负担的比例则略低于有偶老年妇女。

表 5－11　分婚姻状况、性别老年人医疗费用花销状况

	有偶			丧偶		
	总体	男	女	总体	男	女
年均医疗费（元）	2 801	2 969	2 563	2 251	1 857	2 397
个人负担（元）	1 964	1 978	1 945	1 660	1 395	1 755
个人负担比例（%）	70.1	66.6	75.9	73.7	75.1	73.2

同样，老年人的医疗费用支出情况也存在显著的城乡、文化程度、年龄及职业状况的差异性：总的额度上，城镇显著高于乡村，但自己负担的比例则是乡村高于城镇；文化程度的差异则是，随着受教育程度的提升，总的额度递增，而自己负担的比例下降；年龄差异以 75～79 岁为峰值，此前是额度随年龄同向递增，但 80 岁后则开始递减；职业地位的差异则是，农业生产者额度最低，自己负担的比例相对则较高。在不同的社会经济特征群体内部，女性的医疗费用总额均高于对应男性群体（见表 5－12）。

表 5-12 分性别、不同社会经济状况丧偶老人的医疗费用花销状况(元,%)

	男			女		
	A	B	B/A	A	B	B/A
城镇	2 704	1 759	65.1	3 358	2 345	69.8
乡村	1 547	1 258	81.3	1 689	1 321	78.2
不识字或识字很少	1 850	1 562	84.4	1 957	1 514	77.4
小学	1 853	1 215	65.6	2 709	2 080	76.8
初中	1 809	1 354	74.9	3 937	2 284	58.0
高中及以上	2 096	1 522	72.6	4 528	2 681	59.2
65~69 岁	1 465	1 371	93.6	2 091	1 672	80.0
70~74 岁	1 248	881	70.5	2 323	1 801	77.5
75~79 岁	2 350	1 695	72.1	2 681	1 795	67.0
80 岁及以上	2 238	1 571	70.2	2 463	1 729	70.2
负责人、专业技术人员及办事人员	2 720	1 696	62.4	5 891	2 745	46.6
生产工人及商业服务业人员	2 622	1 706	65.1	4 035	2 930	72.6
农业生产人员	1 391	1 178	84.7	1 611	1 286	79.8
无业人员	2 134	1 725	80.8	1 890	1 585	83.8

注:A 为年均医疗费(元)、B 为个人负担额度(元)。

受到医疗保障制度和自身经济状况的影响,丧偶老年人个人承担医疗费用的主要支付者存在显著的性别和城乡差异:总体而言,无论男女,城镇丧偶老人依靠自己支付相应医疗费用的比例均显著高于乡村的丧偶老人;而无论城乡,女性丧偶老人自己承担医疗费用的比例则明显低于男性丧偶老人,对儿女的依赖则显著高于男性(见表 5-13)。

表 5－13　分城乡、性别老年人个人负担医疗费的主要支付者(%)

	城镇			乡村		
	总体	男	女	总体	男	女
自己	52.8	71.5	48.8	26.8	38.9	21.3
儿子	20.6	13.9	22.2	47.4	38.5	51.5
女儿	8.0	5.6	8.6	5.4	6.2	4.9
子女共同承担	18.2	8.9	20.0	19.4	15.9	21.0
其他亲戚资助	0.4	0.1	0.4	1.0	0.5	1.3
合计	100.0	100.0	100.0	100.0	100.0	100.0

对于自己所承担的医疗费用,66.8%的丧偶老人感觉对自己家庭经济有不同程度的压力,高于有偶老人的相应比例(61.8%)。感觉压力最大的是乡村丧偶女性老人(69.3%),其次是城镇丧偶女性老人(68.0%)。相对而言,男性丧偶老人的压力感更低。

三、照料状况

图 5－1 显示丧偶老年妇女中身体不健康的比例占到了 28.0%。其中,5.7%的人处于生活不能自理的状态,这两项指标均远远高于有偶的老年妇女,同时也高于丧偶老年男性的相应水平。

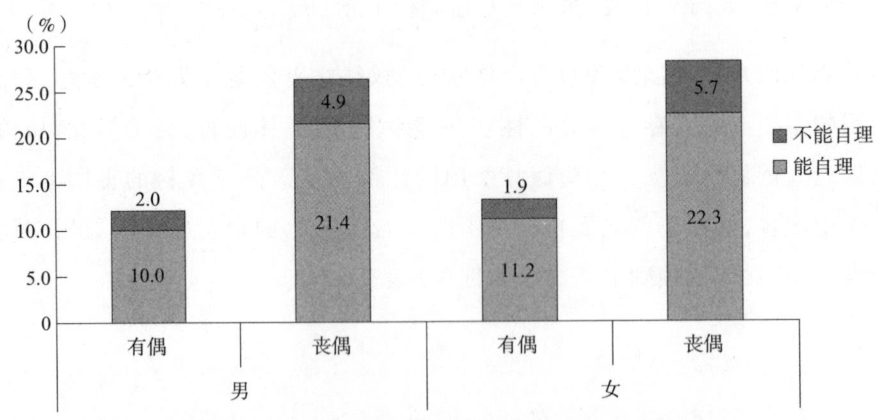

图 5－1　2010 年分性别丧偶老人的生活自理情况

1. 照料需求和满足情况

调查显示,66.5%的丧偶老人日常生活可以自理,不需要别人照料,男性高于女性;与有偶老人相比,丧偶老人群体的生活自理率则低了很多。丧偶老人自报生活自理困难的比例高,在很大程度上与他们更多罹患慢性疾病有关。这与前文中对两个群体健康状况的描述是吻合的(见表5-14)。

在需要别人照料的丧偶老人中,76.3%的人获得了相应的照料。丧偶老人照料需求的满足程度同样也存在城镇高(83.4%)农村低(72.6%)的差异格局。城镇老年人口照料需求满足程度的情况是男性(84.1%)略高于女性(83.6%);在农村则是女性(73.9%)显著高于男性(67.5%)。

表5-14 分婚姻状况、性别老年人日常生活照料情况(%)

	有偶			丧偶		
	总体	男	女	总体	男	女
不需要,完全自己解决	69.9	69.8	69.9	53.3	55.5	52.5
不需要,但实际有人照料	10.2	9.9	10.6	13.2	12.1	13.6
需要,并且有人照料	14.8	15.6	13.6	25.6	23.7	26.3
需要,但没有人照料,只能自己应付	5.1	4.7	5.9	7.9	8.7	7.6
合计	100.0	100.0	100.0	100.0	100.0	100.0

相对于与家人同住的老人而言,独居老人一向被世界卫生组织视为高风险群体,许多发表于英国皇家全科医师学会(PCGP)的研究将独居老人视为必须特别关注的群体。La Plante(2004)的研究发现约有45%的独居者表达有未满足需求。Jackson等(1991)发现,与配偶同住者中有5%的表达有未满足需求,与他人同住者为7%,而独居者这一比重则高达16%。第三期中国妇女社会地位调查的数据显示,在丧偶老人中,生活在隔代户中的丧偶老人照料需求满足情况最差,有47.6%的人有照料需求但没有得

到满足。其次是独居丧偶老人，相关比例为37.5%，生活在二代户(13.6%)和三代户(9.5%)中的丧偶老人照料需求的满足状况均较好。总体而言，男性丧偶老人的照料满足情况优于女性丧偶老人，城镇优于农村(见图5-2)。

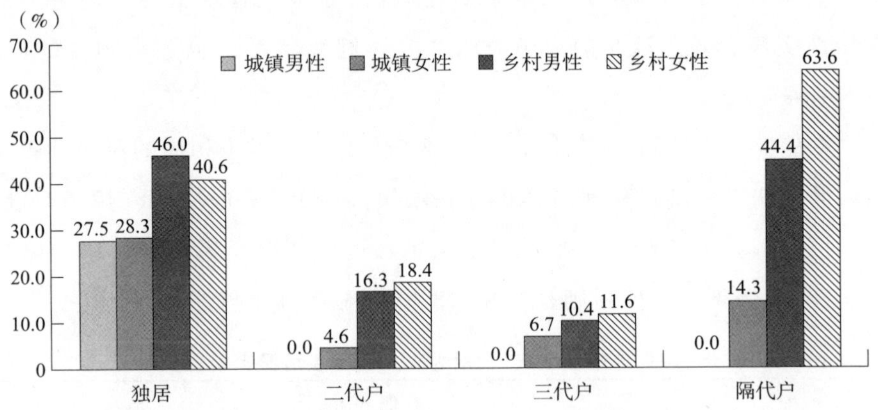

图5-2 分居住安排、城乡、性别丧偶老人有照料需求但未满足的比例

2. 照料提供者

中国有着悠久的家庭养老文化传统，绝大多数老年人的照料需求均由家庭成员来满足，子女和配偶是老年人日常生活照料的最主要承担者。受老年人丧偶率女高男低的影响，以及城乡老年人在对儿女养老支持观念上的差异等影响，老年人的照料者也呈现出显著的性别和城乡差异。

调查显示，在丧偶老人的主要照料者中，50.8%的丧偶老人得到了儿子的照料，其次是女儿(23.4%)，第三位的是儿媳(19.6%)(见表5-15)。丧偶老人的主要照料者存在显著的城乡差异：在农村，儿子和儿媳发挥的作用更大。国内有关农村老年人照料的研究也显示，实际上是共同居住的儿媳承担了具体的照料责任，但在老人观念中儿媳为其提供的照料和支持是儿子在尽孝。因此在调查中，老人会更多宣称是儿子在承担他们的日常生活照料责任(费孝通,1985;张桔,2004)。

表 5-15　分城乡、性别丧偶老人日常生活主要照料者(%)

	城镇			乡村		
	总体	男	女	总体	男	女
儿子	40.7	47.2	39.2	57.0	58.9	56.1
儿媳	13.8	8.3	15.1	23.1	20.4	24.3
女儿	37.7	34.7	38.4	14.9	14.3	15.1
女婿	0.5	0.8	0.4	0.2	0.6	0.1
外/孙子女	1.6	1.7	1.6	1.8	1.6	1.9
其他亲属朋友	1.3	2.5	1.0	1.7	1.3	1.9
保姆、小时工	3.8	3.3	3.9	0.9	1.9	0.5
不回答	0.6	1.5	0.4	0.4	1.0	0.1
合计	100.0	100.0	100.0	100.0	100.0	100.0

四、社会支持对城乡丧偶老年人健康自评的影响

1. 相关文献回顾

研究表明,配偶主要通过日常生活照顾、精神慰藉、防范意外事故对老年人的健康发挥保护作用(林湘华,2007)。相比有配偶老人,丧偶老人在经济安全、身心健康状况、生活自理等诸多方面更为弱势(焦开山,2010;Beverly,2012)。配偶角色的缺失使丧偶老人的生活方式、经济状况、生活质量等均在一定程度上有别于非丧偶老人,对身心健康的影响尤为突出。同时,也使得社会支持在丧偶老年人日常生活中的作用凸显。

社会支持通常指个体从他人、群体和社区等获得的精神或物质上的帮助和支持(Cobb,1976;Hall,1985)。从支持供给者角度,社会支持可分为正

式支持和非正式支持两类，前者主要来自正式组织，如各级政府、各类社会组织、机构、企业、社区等，后者主要来自家庭成员（配偶、子女和其他亲属）、邻居、朋友等（徐勤，1995）。当前我国已基本建立了包括机关事业单位退休金制度、城市企业职工基本养老保险制度、城乡居民基本养老制度的基本养老保险体系，为城乡居民提供了基本的经济保障，也成为民众可获得的最主要的正式社会支持；由成年子女给予的经济支持、生活照料和情感慰藉则是中国城乡老年人，特别是农村老年人可获得的最主要的非正式支持。随着城乡社会养老保障体系的日趋完善，基本养老保险等正式社会支持在城乡老年人社会生活中的作用日趋增强，但非正式支持对绝大多数老年人而言，依然扮演着重要的角色。正式与非正式的社会支持互相交织已成为当前多数城乡老年人养老生活中的常态。国外研究表明，社会支持有助于延缓老年人的健康恶化（Cobb，1976；Krause，1983；Turner，1983；Cohen & Wills，1985；Helgeson，2003）。国内研究也表明，家庭代际支持对老年人的健康自评状况具有影响（宋璐，李树茁，张文娟，2006）。但截至目前，国内就社会支持对丧偶老年人健康影响的研究尚比较缺乏，社会支持对丧偶老年人健康的影响还有待进一步证实。

个体在做出自我健康评价时常会考虑多种因素，包括家庭史、目前病患的严重性、未确诊疾病的症状、一贯的健康状况、社会支持等内外部资源等均会对老年人的自我健康评价产生影响。其中，社会支持对健康自评有直接影响作用（Idler，1997）。许多涉及社会支持与健康状况之间关系的研究证实，社会支持通过社会的、心理的、生物的机制影响到人的健康，社会支持不仅提供实质性的帮助，还能影响人的思想、情感和行为，从而对健康产生影响（李建新，2007）。一般情况下，获得较好社会支持的人有较好的健康状况，社会支持的缺乏则会导致健康状况的恶化（Krause，1987；Litwin，1998）。有研究表明，老年人得到的家庭代际支持、居住安排与其健康状况强烈相关（Hermalin，1996），老年人的健康状况可能是其代际支持与居住安排的原因也可能是其结果(Rogers,1996)。

基于以上分析,我们主要就社会支持、老年人躯体健康状况及其人口特征等因素对丧偶老年人的健康自评的影响进行实证分析。利用 Stata 12.0 版本软件,采用序次逻辑斯蒂回归 (Ordinal Logistic Regression)模型进行数据分析。

2. 模型设置

(1)自变量:老年人的社会支持,包括正式的社会支持与非正式的社会支持,以及日常的社会交往等。其中,正式的社会支持包括老年人的社会养老保障状况,划分为无养老保障、城镇职工基本养老保险、机关事业单位离退休待遇、城镇居民养老保险及其他农村社会养老保险五类。非正式社会支持则包括家庭内和家庭外的支持两类。家庭内的支持主要以子女是否提供的养老支持来测度,包括子女是否给予经济资助、生活照料和情感支持;家庭外支持主要是以丧偶老人与邻里之间的关系亲疏来测度,划分为与邻居基本不认识、有来往且碰到会打招呼、很熟悉且经常一起活动(锻炼)、关系密切且有事情时互相帮助四类;老年人的社交意愿,即是否喜欢与人交往、相处。

(2)控制变量:控制变量为老年人的个人状况,包括性别、年龄、受教育程度、子女性别构成、居住安排、家庭地位满意度、是否有慢性病、是否有有病拖着不去看的经历、日常运动情况等。

另外,由于城乡、不同省区社会经济发展水平不同,可能会导致区域医疗卫生服务条件、运动设施,以及个体的收入和卫生健康习惯等方面存在差异,从而对老年人健康自评产生影响。为此,本研究将老年人家庭所在地(城市或农村)和调查省区纳入分析模型。其中,调查省区划分为京津沪

地区、东部、中部和西部四类①。

3. 研究发现

表5－16中关于城乡丧偶老年人健康自评影响因素分析共有4个模型。模型1分析了正式与非正式的社会支持因素对丧偶老年人健康自评的影响；模型2分析了老年人个人及家庭因素对其健康自评的影响；模型3分析了区域因素对老年人健康自评的影响；模型4分析了社会支持因素、老年人个人及家庭因素和区域因素对老年人健康自评的联合影响。

由模型1的结果可知，社会支持因素对丧偶老年人健康自评具有显著影响。有城镇职工基本养老保险、机关事业单位离退休待遇的老年人健康自评好，很好的概率显著高于没有社会养老保障的老年人，前者分别约为后者的1.66倍和2.14倍。子女给予老年人的养老支持对老年人健康自评具有显著影响，子女给予生活照料的老年人健康自评显著低于未得到子女生活照料的老年人；子女给予情感支持的老年人健康自评很好的概率显著高于未得到情感支持的老年人，前者约为后者的1.41倍。邻里很熟悉，经常一起锻炼的老年人健康自评很好的概率显著高于与邻里基本不认识的老年人，前者约为后者的1.46倍。日常喜欢与人交往、相处对老年人获得较好的健康自评具有显著的促进作用，前者约为后者的1.85倍。

模型2的结果显示，男性丧偶老年人的健康自评好的概率显著高于女性老年人；受教育程度对老年人的健康自评好的概率具有正面影响，这种影响在受教育程度为高中及以上的丧偶老年人中表现得尤为显著。与子女同住的丧偶老年人的健康自评好的概率显著高于不与子女同住的老年人。家庭地位满意度对丧偶老年人的健康自评状况具有积极作用，对家庭

---

① 注：东部包括辽宁、河北、山东、江苏、浙江、福建、广东、海南；中部包括黑龙江、吉林、山西、河南、安徽、湖北、湖南、江西；西部包括内蒙古、广西、重庆、四川、贵州、云南、西藏、陕西、甘肃、青海、宁夏、新疆。

地位比较满意、很满意的丧偶老年人健康自评很好的概率分别为对家庭地位感觉一般或不满意的丧偶老年人的3.38倍和2.09倍。有慢性病的老年人健康自评差的概率显著高于无慢性病的老年人。近三年内有病拖着不去看的丧偶老年人健康自评很好的概率仅为无相应经历老年人的19.9%。住家周围有运动场地,且去锻炼的丧偶老年人的健康自评好的概率显著高于住家周围无运动场地、锻炼少的丧偶老年人。

模型3中的结果表明,区域因素对丧偶老年人的健康自评具有显著影响。乡村丧偶老年人健康自评好的概率显著低于城镇丧偶老年人,前者约为后者的0.83倍。中部、西部丧偶老年人健康自评好的概率显著低于京津沪地区的丧偶老年人。

模型4给出了社会支持因素、老年人个人及家庭因素和社区因素对其健康自评的联合影响的分析结果,发现社会支持因素中社会养老保障变量、子女给予的养老支持、邻里关系和老年人的社会交往方式变量对丧偶老年人的健康自评仍具有显著影响。老年人个人及家庭因素中老年人的居住方式、家庭地位满意度、是否有慢性病、是否有有病拖着不去看的经历、日常运动情况等对丧偶老年人健康自评状况的影响仍比较显著,但性别、受教育程度变量对老年人健康自评状况的影响不再显著。居住地变量与单一区域因素对丧偶老年人健康自评状况的影响的分析结果相反,多变量分析中乡村丧偶老年人健康自评很好的概率显著高于城镇丧偶老年人。东部地区的丧偶老年人健康自评好的概率显著高于京津沪地区,而中部和西部地区则显著低于京津沪地区。丧偶老年人的年龄和子女性别构成等对其健康自评并未产生显著影响。

表 5－16　城乡丧偶老年人健康自评影响因素分析

变量	变量描述信息			回归分析比数比		
	均值	标准差	模型 1	模型 2	模型 3	模型 4
自变量						
是否有社会养老保障(否):						
城镇职工基本养老保险	0.201	0.401	1.657***			1.244*
机关事业单位离退休待遇	0.047	0.212	2.138***			1.455*
城镇居民养老保险及其他	0.068	0.252	1.015			0.897
农村社会养老保险	0.181	0.385	1.117			1.017
子女给予经济支持(否):是	0.824	0.381	0.936			0.926
子女给予生活照料(否):是	0.884	0.320	0.718**			0.725**
子女给予情感支持(否):是	0.893	0.310	1.410**			1.210 +
邻里关系(基本不认识):						
有来往,碰到会打招呼/闲聊	0.369	0.483	0.987			0.912
很熟悉,经常一起活动(锻炼)	0.191	0.393	1.457***			1.184*
关系密切,有事互相帮助	0.326	0.469	1.192			0.922
是否喜欢与人交往/相处(否):是	0.808	0.394	1.851***			1.481***

续表

变量	变量描述信息		回归分析比数比			
	均值	标准差	模型 1	模型 2	模型 3	模型 4
控制变量						
性别（女）：男	0.284	0.451		1.164*		1.113
年龄	74.833	6.542		0.994		0.993
受教育程度（未上学）：小学	0.28	0.449		1.020		0.994
初中	0.106	0.308		1.097		1.019
高中及以上	0.072	0.259		1.309*		1.098
子女性别构成（只有女儿）：						
只有儿子	0.129	0.335		1.198		1.191
儿女双全	0.801	0.400		1.137		1.137
居住方式（不与子女同住）：与子女同住	0.508	0.500		1.207**		1.165*
家庭地位满意度（一般、不满意）：						
比较满意	0.417	0.493		3.383***		2.022***
很满意	0.392	0.488		2.091***		3.205***
是否有慢性病（否）：是	0.854	0.353		0.554***		0.204***
是否有有病拖着不去看的经历（否）：是	0.247	0.431		0.199***		0.563***

续表

变量	变量描述信息			回归分析比数比		
	均值	标准差	模型 1	模型 2	模型 3	模型 4
日常运动情况(住家周围无运动场所):						
有,自己不去	0.153	0.360		0.920		0.921
有,偶尔去	0.153	0.360		1.168 +		1.135
有,经常去	0.113	0.317		1.698 ***		1.588 ***
居住地(城镇):乡村	0.522	0.500			0.828 ***	1.248 **
调查区域(京津沪):东部	0.262	0.440			1.007	1.235 +
中部	0.277	0.448			0.659 ***	0.854 *
西部	0.349	0.477			0.658 ***	0.868 +
-LL			5 008.665 ***	4 712.280 ***	5 078.109 ***	4 668.411 ***
样本数	3 600	3 600	3 600	3 600	3 600	3 600

注:*** $p<0.001$, ** $p<0.01$, * $p<0.05$, + $p<0.1$, ns 不显著。

4. 结论与讨论

丧偶老年人健康自评呈现出显著的城乡和性别差异。居住于城镇者健康自评好于乡村居住的丧偶老年人,男性的健康自评好于女性。现实中,丧偶老年人不仅经受着心理与精神上的打击,而且很多老年人,特别是女性老年人,丧偶后也相继丧失了主要经济来源,生活上的巨大变故最终导致丧偶老年人健康状况的恶化。

社会支持因素对丧偶老年人健康自评具有显著影响。城镇职工基本养老保障、机关事业单位离退休待遇作为正式的社会支持,是城镇相应丧偶老年人最主要的稳定的经济来源,在为其日常衣食住行、就医等提供基本保障的同时,相对宽裕的经济状况也对老年人健康自评起到了正面的促进作用。城镇居民养老保险主要由非从业城镇居民个人购买。这类人群大多长期缺乏稳定的收入。虽然老年时能得到相应养老保险金,但由于保障水平相对较低,对个体健康自评的影响并不显著。而目前农村社会养老保险覆盖范围较小,参保率低,养老金给付水平低,对农村老年人生活的贡献相对较小,尚未对个体的健康自评发挥显著的影响作用。鉴于此,一方面,国家应基于基本公共服务均等化原则,逐步健全城乡,特别是农村养老保障支持体系,扩大其覆盖面,提高参保率;另一方面,适时地分人群、分区域地提高城乡老年人,特别是丧偶、失能等老年人群体的基础养老金的给付水平,切实增加老年人的收入,为经济上确有困难的老年人提供基本的日常生活保障,提高老年人的生活质量和健康水平。

本研究发现,子女给予的经济支持对丧偶老年人健康自评并未产生显著影响。可能的解释是:随着中国经济社会特别是社会养老保障制度的逐步完善,越来越多的老年人取得了相对独立和稳定的经济支持和保障,子女的经济支持在老年人生活中的重要性显著下降。多数城镇老年人有离退休金或养老保障金等较稳定的经济来源。虽然农村老年人社会养老保

障的覆盖和水平还相对较低，对子女的经济支持还有较强的依赖性，但改革开放 30 多年这一代老年人自身也积累了一定的养老资本和财富。并且在身体状况允许的情况下，老年人大多竭力自养，子女给予的经济支持仅限于“填补”老年人维持正常生活所需的金额与其各种非子女经济供给金额之间的缺口（桂世勋，倪波，1995）。子女的经济支持对于无论城乡老人而言，都不再具有决定性的影响力度，其对老年人健康的贡献已经大大削弱和淡化。

子女对丧偶老年人的情感支持与生活照料则均与丧偶老年人的健康自评显著相关。得到子女生活照料的丧偶老年人，往往自身身体状况相对也欠佳，其健康自评差的可能性相对也更大。得到子女情感支持的丧偶老人，其健康自评好的可能性显著提升，这在一定程度上支持了子女的情感支持可有效地改善老年人健康自评的观点。同时，我们的研究也揭示，丧偶老年人的居住安排与家庭关系等因素对其健康自评具有显著影响。已有研究表明，同住的居住安排下子女提供养老支持的可能性最大（鄢盛明，陈皆明，杨善华，2001），且更有利于老年人得到精神上的慰藉（伍海霞，2014），对于丧偶老年人，与子女同住也有助于他们形成较好的健康自评。家庭地位满意度越高的老年人，在家庭生活、处理家庭事务中越具有“权威性”，能更好地占有与使用家庭资源，被家庭成员“尊重”“关心”的感觉越强烈，身心的愉悦促使其形成了相对较好的健康自评。在全社会倡导和形成和谐的家庭代际关系，加强代际间的情感交流，这对于丧偶老人健康状况和生活质量的提高具有积极的意义。

研究发现，丧偶老年人与周围邻居和社区环境的连接互动状况对其自评健康具有显著的相关性。数据显示，日常喜欢与人交往、与邻里关系较好、经常与邻居一起参加活动均会对丧偶老年人的健康自评带来积极影响。可见，社会与家庭对其日常的支持与帮助对丧偶老年人的健康与生活质量的提高至关重要。在城乡社区建立社区活动室，适当开展文娱活动，加强居民间的交往与互动,建设和谐的社区邻里关系不失为促进老年人健康愉悦生活的有效方式。住家周围有运动场所,且经常参加锻炼显著地促进了老年人健康自评的提升。可见,在运动场所等硬件条件的支持下,老年人适当地参加体育活动,对于改善其健康状况、提高生活质量具有无可替代的作用。为此,政府应该合理调配社会公共资源,注重城乡社区运动场所、运动器械等健康促进设施,以及社区基层医疗服务体系的建设,为提高民众的基础健康水平创造便利条件。

丧偶老年人是否罹患慢性病及他们对医疗服务的利用状况也是影响其健康自评的重要因素。从实际的身体健康状况看,有慢性病显著地不利于丧偶老年人的健康自评,与已有研究结果一致,在一定程度上说明客观的身体健康状况对健康自评具有基础性的影响(张旭等,2014)。有病能及时看病就医的老年人健康自评好的概率更高。反之,有病拖着不看的老年人,大多因手头紧、看病不方便、家人不关心等,在影响丧偶老年人躯体健康的同时,也对其整体的健康自评带来了不利影响。

另外,单一的丧偶老年人个体与家庭因素对其健康自评状况的影响分析中性别、受教育程度对其健康自评状况具有显著影响,但在增加社会支持因素、区域因素后,丧偶老年人的性别、年龄、受教育程度、子女性别构成等因素对其健康自评的影响并不显著。这也在一定程度上表明,虽然个体间的年龄、受教育程度、家庭状况等存在巨大差异,但丧偶后多数老年人已不再“自主”生活,他们的健康与生活更多地受到自身之外的社会、社区与家庭的支持与影响。

最后,城乡、区域因素也对丧偶老年人的健康自评状况具有影响作用。单一的区域因素对丧偶老年人健康自评影响分析中乡村丧偶老年人自评健康好的概率显著低于城镇丧偶老年人,但在加入社会支持因素、老年人个体及家庭因素后,乡村丧偶老年人健康自评好的概率显著高于城镇丧偶老年人。本研究认为,虽然二元体系下城乡社会经济发展水平存在巨大差异,城乡老年人收入差距大、城市地区医疗卫生服务水平强于乡村地区,这些都在不同程度上对乡村老年人的健康状况带来了不利影响,但乡村老年人大多习惯“活到老干到老”,对生活相对较低的富足感使他们往往会对其健康做出偏高的自我评价。另外,农村地区医疗服务不足,以及农村老年人自身的健康意识相对较差,这些均造成了乡村老年人慢性病自报率呈现出系统性偏低的现象(曾毅等,2010)。东部地区的丧偶老年人健康自评显著高于京津沪地区,而中部和西部地区的丧偶老年人的健康自评低于京津沪地区,这是否受区域经济发展水平及医疗卫生条件等的影响,尚需要进一步的深入研究。

总之,健康状况对个体的生活质量具有举足轻重的作用。鉴于此,面对人口老龄化的加剧,尤其人口老龄化进程中丧偶老年人群体持续增长所带来的健康、养老等问题,基于基本服务均等化与公平原则,逐步实行城乡统筹,完善社会养老保障体系,形成家庭养老和社会养老保障并行,个人、家庭和社会三维支撑的养老模式,切实提高城乡老年人的生活水平与生活质量,不失为积极应对老龄化的可行举措。

第六章

丧偶老人的社会参与和社会支持网络

随着人口老龄化进程的推进，人们逐渐认识到，老年人并不仅仅是社会养老与医疗照料资源的消耗者，他们在家庭事务及社区甚至社会政治事务中依然是重要的参与者。他们在各方面的参与和贡献，对家庭、社区和社会的和谐发展起到了积极的推动作用，尤其是低龄、健康的老年人。而在农村地区，随着大量青壮年劳动力流入城镇，农村老年人，特别是丧偶老人的社会劳动参与率在近数十年间有了很大的提高，这也是非常值得关注的一个社会现象。本部分将利用第三期中国妇女社会地位调查的相关数据，揭示丧偶老人在社区及社会事务中的参与状况，以便全面地认识丧偶老人的生活。

一、社会劳动参与

老年人的劳动参与状况受到老年人自身经济压力、劳动力市场的准入与退出机制以及老年人自身的劳动参与意愿和能力等因素的影响（张文

娟,2010)。对男女丧偶老年人劳动参与状况性别差异的深入分析,是了解男女丧偶老年人社会经济地位和基本生活状况的重要内容,也是就业、退休等相关社会政策制定和完善的必要前提。

1. 社会劳动参与的现状

调查显示,65 岁及以上丧偶老人的社会劳动参与率为 12.8%,其中城镇仅为 3.3%,农村为 18.6%,呈现出城低乡高的差异格局。同时,无论城乡,女性丧偶老人的社会劳动参与率均低于同地域的老年男性丧偶者,城镇低 2.2 个百分点,农村低 12.0 个百分点。数据显示,丧偶老人的劳动参与率显著低于对应群体的有偶老人(见表 6-1)。

表 6-1　分婚姻状况、性别老人目前在业状况比较(%)

	有偶			丧偶		
	男	女	总体	男	女	总体
城镇	9.1	5.1	7.3	5.1	2.9	3.3
乡村	44.8	31.7	39.6	26.8	14.8	18.6
合计	29.9	19.6	25.6	21.0	9.7	12.8

不同地域丧偶老人劳动参与率的差异性变化,与不同地区的社会养老保障制度完善情况、劳动参与机会等都有关系。由于有较严格的退休年龄限制和较好的养老保障,城镇丧偶老人的劳动参与率较低。农村地区,由于社会养老保障制度的建设相对滞后,包括丧偶老人在内的所有农村老人社会养老保障水平均较低,继续参与农业生产活动是农村丧偶老人获得收入、维持生活的重要手段。同时,受到农村地区青壮年劳动力持续大量外流的影响,农村劳动力呈现出老龄化的趋势,越来越多的农村丧偶老人成为农业生产的重要承担者。这也是农村丧偶老人群体的社会劳动参与率显著高于城市丧偶老人的重要原因。

2. 继续参与社会劳动的原因

无论城乡和性别,“维持生活”都是丧偶老年人继续工作和劳动的最主要原因。其次是“赚更多的钱”,且女性出于这一原因的比例明显高于男性。相对而言,城镇丧偶老人出于“充实自己的生活”“发挥自己的才能”以及“为社会做贡献”等更高精神层次需求的动机而继续参与社会劳动的比例要明显高于农村丧偶老人。丧偶老人在继续工作、劳动动机上的城乡差异折射出了他们在现实中的实际经济状况(见表6-2)。

表6-2　分城乡、性别在业丧偶老年人工作、劳动的主要原因(%)

	城镇		乡村		总体		
	男	女	男	女	男	女	合计
维持生活	57.2	41.2	70.9	63.5	70.0	60.5	64.8
在经济上独立	7.1	2.9	5.1	5.0	5.2	4.7	4.9
赚更多的钱	14.3	26.5	14.8	25.2	14.8	25.4	20.6
为社会做贡献	0.0	8.8	1.0	0.0	1.0	1.2	1.1
发挥自己的才能	7.1	11.8	3.6	0.5	3.8	2.0	2.8
充实自己的生活	14.3	8.8	4.6	5.8	5.2	6.2	5.8
合计	100.0	100.0	100.0	100.0	100.0	100.0	100.0

3. 退出社会劳动的原因

丧偶老人退出劳动市场的机制存在显著的城乡差异性:城镇正规就业的机会显著高于农村,到了国家政策规定的离、退休年龄,成为大多数城镇丧偶老人不再就业的主要原因。农村则更多是根据家庭经济及身体状况来决定是否退出社会劳动。同时,受到传统男女性别角色分工等的影响,男女丧偶老人退出劳动力市场的原因也呈现出显著的性别差异。数据显示,3/4的城镇男性丧偶老人不在业是因为离、退休的制度安排,“年纪大

了，不干了”的比例达到18.9%，两者相加占据了95.3%。而对于城镇丧偶女性而言，除了上述两个原因外，还有一个非常重要的原因是“一直、长期在家料理家务”，比例达到26.7%，位列第二。相对而言，农村地区丧偶老人不在业的原因也存在一定的性别差异，第一位的都是“年纪大了，不干了”，男性第二位的原因是“因病残等丧失工作、劳动能力”，女性则是“一直、长期在家料理家务”。这体现了“男主外，女主内”传统性别角色分工对老年人社会参与的影响。农村地区丧偶女性由于“因病残等丧失工作、劳动能力”的比例也达到11.9%（见表6-3）。

表6-3　分城乡、性别丧偶老人不在业的原因（%）

	城镇		乡村		总体		
	男	女	男	女	男	女	合计
离、退休	76.4	45.5	8.8	1.3	30.5	21.6	23.7
年纪大了，不干了	18.9	23.3	77.0	68.6	58.4	47.9	50.5
因病残等丧失工作、劳动能力	3.9	4.5	11.3	11.9	8.9	8.5	8.6
一直、长期在家料理家务	0.8	26.7	2.9	18.1	2.2	22.0	17.2
其他（请注明）	0.0	0.0	0.0	0.1	0.0	0.0	0.0
合计	100.0	100.0	100.0	100.0	100.0	100.0	100.0

对“一直、长期在家料理家务”的丧偶老人未参与社会劳动的原因进一步探究可以发现，无论城乡，近八成的女性丧偶老人是因为年轻时承担了较多生育和照料孩子的家庭责任而没能参与社会劳动。其次则是由于受教育程度低，在就业市场缺乏竞争力。对于城镇女性丧偶老人而言，照料老人及病人（41.5%）也是影响她们参与社会劳动的一个重要原因，而在农村女性丧偶老人由于自己身体状况不好而不能参与社会劳动的比例也相对较高，达到了42.2%。相对而言，制约城镇男性丧偶老人社会劳动参与的因素更集中于自身的受教育程度和健康状况不佳这两个原因上，而农村男性则是身体不好、子女多家务负担重。总体而言，女性丧偶老人青壮年

时期长期不参与社会劳动更多是由于承担对孩子及老人的照料和家务，而男性更多是个人原因所致，性别差异非常显著（见表6-4）。

表6-4　分城乡、性别一直、长期照料家务的丧偶老年人未从事有收入劳动的原因（%）

	城镇		农村		全国	
	男	女	男	女	男	女
年轻时孩子多，家务负担重	31.3	78.5	53.8	79.5	50.0	79.0
家里有老人、病人需要照顾	37.5	41.5	37.3	37.8	37.4	39.7
自己身体不好，不能出去工作	25.0	25.1	54.5	42.2	49.5	33.7
不想出去工作	6.7	15.7	27.4	21.3	23.9	18.5
配偶不支持	6.7	11.7	16.2	19.1	14.5	15.2
自己文化水平低	50.0	55.9	40.3	58.0	42.0	57.0

注：未从事有酬劳动的原因为多选题，各项相互独立，故各项比例合计不为100%。

综上所述，相对男性而言，生育和照料家人对女性丧偶老人的就业影响更为突出。中青年时期偏低的社会劳动参与率及就职于层次相对较低的岗位，是女性丧偶老人步入晚年后处于较低社会经济地位的一个重要原因。

4. 家务劳动的参与

调查显示，丧偶老人特别是与子女共同居住的丧偶老年人大多承担着协助甚至是主要为子女提供日常生活照料的事务，且丧偶老年妇女每天用于家务劳动的时间显著高于同龄的丧偶老年男性：无论城乡，丧偶老年妇女平均每天的家务劳动时间都在150分钟以上，比同地域的丧偶老年男性多出近一个小时。进一步的深度分析，我们在第八章还将有专门的讨论，在此不再赘述。

二、公共事务的参与

1. 村居委会选举活动的参与率

随着老年人口自身素质的提高,老年人口在社会事务中的参与意愿和能力进一步提高,老年人将日益成为影响和推动社会政治发展的重要力量。村居委会是现代基层社会治理的重要基石,也是与老年人日常生活关系最为密切的社会基层组织。参与村居委会委员的投票选举在一定程度上折射出老年人对社会事务的参与情况。本部分将对丧偶老人参与这一选举的情况进行深入分析,以了解当前丧偶老人社会参与的状况。

数据显示,农村老年人参与居委会选举的比例要显著高于城镇老年人参与居委会选举的比例。丧偶老人与有偶老人相比,在村居委会选举参与中的差异并不明显,两者相差不大,在城镇都是57%左右。丧偶老人中,男性相对略高于女性;有偶老人的性别差异则相对较小。在农村,则是有偶老人的参与率略高于丧偶老人(见表6-5)。

表6-5 分城乡、性别、婚姻状况老年人参与村居委会选举的情况(%)

	有偶			丧偶		
	男	女	总体	男	女	总体
城镇	57.9	57.0	57.5	61.7	56.7	57.7
乡村	87.6	84.2	86.2	86.3	80.8	82.5
合计	75.2	71.8	73.8	79.8	70.5	73.0

2. 对村居委会干部的熟识状况

村居委会干部作为基础社会组织的管理人员。他们是国家相关老年政策的具体执行者,也是国家养老服务资源的具体掌控者。认识这些人对老年人及时、顺利获取相关的社会支持服务具有重要意义。总的来看，56.5%的丧偶老人非常熟悉自己村居委会干部的比例，明显低于有偶老人的64.9%；无论城乡，有偶老人对村居委会干部熟识的比例更高；不论婚姻状况如何，城镇地区都是女性熟悉居委会干部的比例略高于男性，而在农村则是男性比女性与村委会干部更熟悉。相对而言，农村老人均比城镇老人更熟悉基层的干部（见图6－1）。城乡老年人对村居委会工作人员熟识程度的性别差异，可能与农村社区中居民彼此比城镇更相互了解、熟悉有关。而且农村男性丧偶老人在社区管理中的参与程度显著高于农村女性丧偶老人，这也使得前者更熟悉当地的村委会成员。统计显示，丧偶老人文化程度越高、年龄越低其参与程度越高，差异显著。

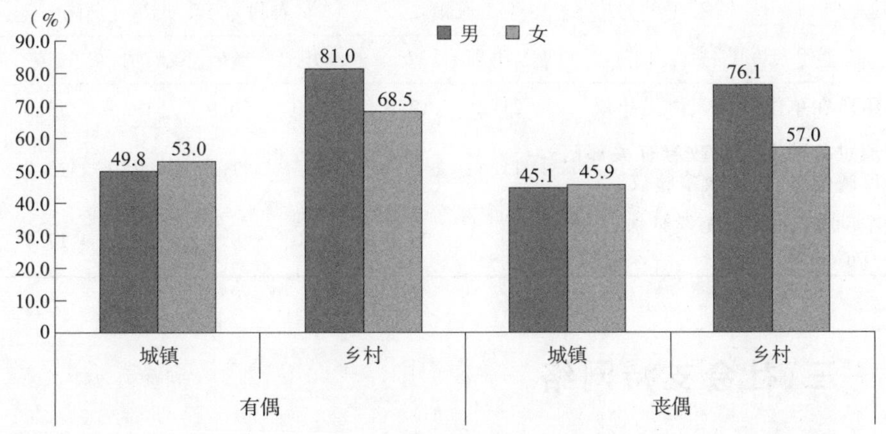

图6－1　分婚姻状况、城乡、性别老年人对村居委会干部的了解情况

3. 对公共事务管理的参与

献计献策、表达自己的意见和看法，是公民主动参与社会管理的常见方式和途径。调查显示，丧偶老人对社会事务管理和决策的主动参与程度不高。总体而言，丧偶老人在参与社会事务管理方面存在以下显著特点：相对男性而言，女性的参与程度明显偏低；城镇丧偶老人的参与程度高于

农村;受教育程度高的丧偶老人参与程度显著高于受教育程度低的丧偶老人,低龄丧偶老人的参与程度高于高龄丧偶老人。从具体的活动参与来看,丧偶老人参与程度最高的是主动捐款、献血、志愿者活动等,而在对公共管理表达意见建议方面则参与得很少(见表6-6)。国内外不少调查也发现,丧偶老人,特别是低龄、健康的丧偶老人,他们在各类志愿者活动中扮演着非常活跃的角色,并且发挥着主导性的作用。如何更好地引导丧偶老人更好地参与到社会公共事务的管理以及相关的公益性活动之中,发挥他们的主观能动性,为社会发展做出更大的贡献,应该成为认真探讨和探索的一个重要议题。

表6-6 分城乡、性别丧偶老年人社会事务参与情况比较(%)

	城镇		农村		全国	
	男	女	男	女	男	女
给所在单位、社区、村提建议	21.2	12.6	19.0	6.9	19.6	9.3
通过各种方式向政府有关部门反映情况、提出政策建议	11.4	5.3	5.3	1.7	7.0	3.2
主动参与捐款、无偿献血、志愿者活动等	39.7	29.3	14.0	9.5	20.9	17.9

三、社会支持网络

1. 与街坊邻居的关系网络

街坊邻里是老年人非正规社会网络的重要组成,国外关于老年人社会网络的研究认为女性在非正式的社会网络方面比男性具有优势。调查显示,无论在城镇还是农村,绝大多数丧偶老年人认识自己的街坊邻居,且九成以上的老年人与邻居保持着不同程度的互动。总体而言,性别差异不明显。但城乡之间丧偶老人与街坊邻居的互动方式存在一定的差异性,相对而言，农村丧偶老人与街坊邻居的关系更为密切，经常一起活动的比例显著高于城镇地区，但城镇能相互帮助的比例则明显高于农村丧偶老人。在城镇，女性丧偶老人与街坊邻居关系密切度要略高于同地域的男性丧偶老人，而在农村则相反（见表6－7）。统计检验显示，受教育程度对丧偶老人的非正式社会网络具有显著的影响。受教育程度越低，丧偶老人与街坊邻里的关系越密切。年龄对非正式社会关系不具有显著的影响。

表6－7　分城乡、性别丧偶老人的邻里关系（%）

	城镇		农村		全国	
	男	女	男	女	男	女
有来往，碰到会打招呼/闲聊	41.4	36.3	37.3	35.3	38.3	35.7
很熟悉，经常一起活动（锻炼等）	18.3	25.4	42.5	41.8	36.1	34.8
关系密切，有事互相帮忙	20.1	23.3	16.1	13.4	17.2	17.6
认识但没什么来往	15.4	11.1	3.7	8.2	6.8	9.5
基本不认识	4.8	3.9	0.4	1.3	1.6	2.4
合计	100.0	100.0	100.0	100.0	100.0	100.0

2. 老年人或老年活动组织、协会的参与状况

参与老年人或老年活动组织、协会可以扩展老年人的社会支持网络、增强其社会融入，有助于其提升生活质量，也是积极老龄化的一个重要标识。数据显示，丧偶老人的组织参与度呈现出显著的城乡和性别差异。无论性别还是婚姻状况，城镇地区老人的组织参与程度均显著高于乡村对应群体；无论男女，城镇有偶老人组织参与度显著高于乡村有偶老人，而丧偶老人的城乡差异则相对较小；从性别的视角来看，在有偶群体中，城乡男性的参与率均高于女性；在丧偶群体中，城镇丧偶女性的组织参与率高于城镇男性丧偶者，乡村则呈现男高女低的格局。值得指出的是，乡村丧偶老年女性的组织参与程度略高于乡村有偶老年女性的参与程度，这与后者可能有更多

家庭责任要承担有关(见图6－2)。

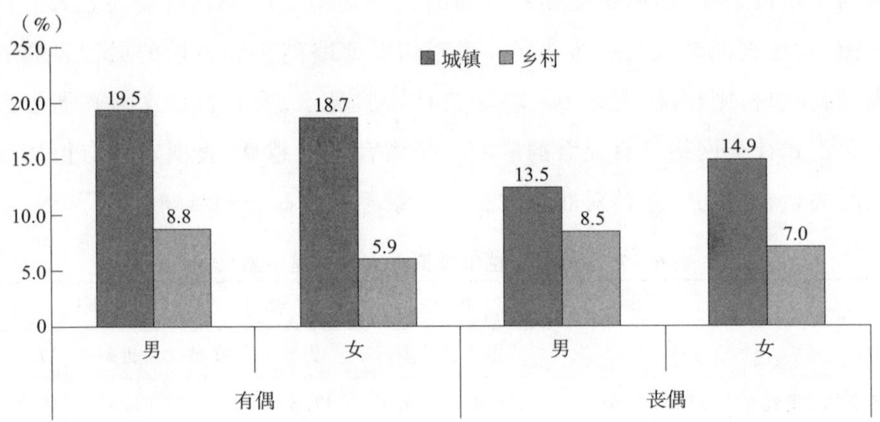

图6－2　分婚姻状况、性别、城乡老年人参与老年人或老年活动组织、协会的情况

我们在田野调查中也深切地感受到,丧偶老年人往往对社会活动有更强烈的参与需求,特别是城镇地区、年龄相对较低且身体健康状况相对较好的丧偶老年妇女。她们往往会主动承担一些社会活动的组织或后勤保障工作。相比有偶老人,她们自由支配的时间更为充裕、内心的孤寂也更为突出,所以这也使得她们往往会成为固定社团活动的中坚力量。

3. 涉老政策知晓及社会支持需求

丧偶老人对本地开展的有关老年人社会服务、优待等方面的政策措施的知晓状况是他们能否接受和享受相应政策措施的基础和前提,也是检验各地社会助老服务政策落实情况的重要指标。调查显示,仅有37.4%的丧偶老人知晓本地开展的老年人社会服务、优待政策措施,知晓率显著低于有偶老人群体(46.3%)。丧偶老人相关政策知晓率存在显著的城乡和性别差异:城镇显著高于农村、男性高于女性(见图6－3)。

进一步的研究发现,职业层次较高的丧偶老人对相关政策的知晓程度显著高于职业层次低的群体,受教育程度高的丧偶老人对相关政策的知晓也显著高于文化程度低的，低龄丧偶老人比高龄丧偶老人对相关政策更了解。

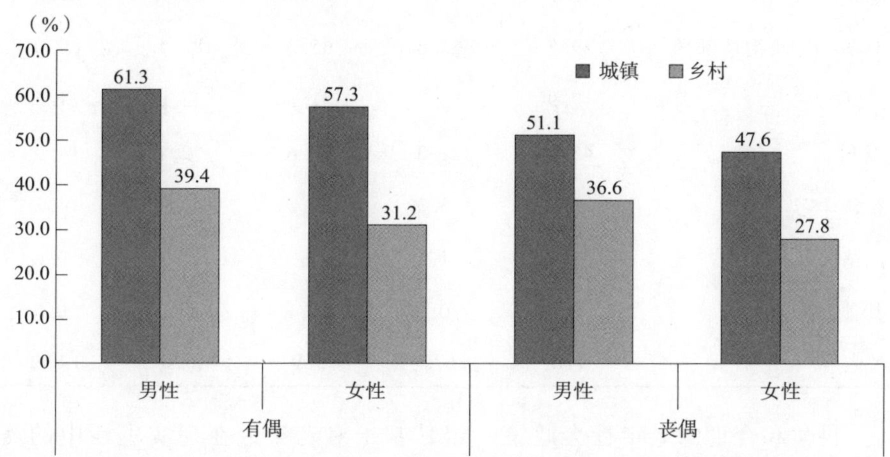

图 6－3　分婚姻状况、性别、城乡老年人对当地涉老政策的知晓状况

对于知晓本地老年服务和优待政策的丧偶老人，调查进一步了解了他们获知相关信息的渠道，希望能对政府部门进一步改进涉老工作政策的宣传普及工作有所帮助。总体而言，电视是丧偶老人获取相关政策的最主要渠道，其次是朋友、家人、街坊邻居的口口相传，广播和报刊等传统媒体也对丧偶老人的相关政策知晓起到了一定的帮助作用。数据显示，丧偶老人获取相关信息的渠道呈现出显著的性别和城乡差异，城镇丧偶老年妇女和乡村丧偶老人更多依赖朋友、家人、街坊邻居的口口相传，远高于城镇丧偶老年男性的相应比例。在城镇丧偶老年男性中，有 45.3% 的人通过报刊了解到了相关政策，比例也显著高于其他丧偶老人群体（见表 6－8）。

表6-8　分城乡、性别丧偶老人知晓当地涉老政策的主要渠道(%)

	城镇男性	城镇女性	乡村男性	乡村女性	总体
电视	91.7	90.9	86.4	82.5	87.3
朋友、家人、街坊邻居	39.8	63.6	65.3	85.1	69.0
广播	17.9	16.6	31.3	22.0	21.5
报刊	45.3	21.3	10.6	2.1	14.9
组织学习	2.8	5.3	3.5	4.1	4.3
网络	1.7	1.1	—	—	0.6
其他(请注明)	0.6	0.3	0.1	0.9	0.5
N	170	673	369	620	1 832

科学和合理的老年社会政策一定是基于对老年人在现实生活中的需求而制定的。中国妇女社会地位调查根据以往对老年人生活特征的了解，列举了11项老年人可能需要帮助和支持的项目。我们对比分析了丧偶老人与有偶老人的需求(见表6-9)。数据显示，老年人的社会支持需求呈现出高度的同质性，丧偶老人和有偶老人最迫切需要的都是医疗保障的完善，有超过七成的老年人认为最需要的社会服务是"提高医疗保障水平"，其次为发展"社区医疗保健服务"，第三是"增加收入"。城乡和性别的差异不大。这也印证了"老有所医""老有所养"是包括丧偶老人在内的所有老人生存发展最迫切、最重要的两个议题。

相对而言，丧偶老人对"托老服务、养老院"(26.0%)以及"居家养老服务"(24.0%)的需求均高于有偶老人。这与丧偶老人相对更缺乏照料支持的现状有关。特别值得关注的是，男性丧偶老人对"托老服务、养老院"和"居家养老服务"的需求较丧偶老年妇女更为强烈。在传统文化中，男性较少参与和承担日常家务劳动，因而男性丧偶老人生活自理能力相对较差，其照料需求更迫切。

相对丧偶老人，有偶老人对"改善住房"和"组织休闲娱乐活动"的呼声则相对更强烈。后者分别比前者高出2.8个和3.7个百分点。而丧偶老人对“调解家庭纠纷、维护老年人权益”的社会支持需求则略高于有偶老人。这可能与他们遭遇家庭纠纷和侵权的比例更高有关(见表6-9)。

表6-9　分婚姻状况、性别老年人对社会服务的需求状况(%)

	有偶			丧偶		
	总体	男性	女性	总体	男性	女性
提高医疗保障水平	77.9	77.4	78.6	75.1	74.0	75.5
社区医疗保健服务	56.4	55.7	57.3	58.6	57.2	59.2
增加收入	56.1	56.7	55.2	46.7	47.8	46.3
托老服务、养老院	19.7	19.1	20.5	26.0	26.4	25.8
居家养老服务	20.0	19.3	20.9	24.0	26.7	23.0
改善住房	23.3	23.7	22.7	20.5	20.0	20.8
组织休闲娱乐活动	20.2	21.4	18.5	16.5	17.4	16.1
调解家庭纠纷、维护老年人权益	6.7	6.7	6.5	7.0	7.7	6.7
心理健康咨询、指导	5.3	5.4	5.3	5.3	5.5	5.2
公共托幼服务	0.6	0.7	0.5	0.8	0.8	0.9
其他(请注明)	0.5	0.6	0.5	0.7	0.3	0.8
N	6 655	3 901	2 754	3 637	987	2 650

四、小结与讨论

本部分从老年人的社会劳动参与、村居委会选举参与、老年社会组织参与及宗教信仰等不同的维度对丧偶老人的社会参与情况进行了多维度的考察。研究显示,丧偶老人的社会劳动参与状况相对有偶老人显著偏低,这可能与他们更缺乏参与的能力,同时机会也更为有限有关。在公共

事务管理的参与方面，丧偶老人相对于有偶老人而言，也更为低弱，无论是参与村居委会选举还是公共事务的管理活动，丧偶老人在整体上都不如有偶老人活跃、参与度高。丧偶老人在基层公共管理中的边缘地位，可能会进一步加深他们在相关公共资源分享方面的不利境地，值得关注。

相对而言，农村地区丧偶老人对于基层干部的熟识程度明显高于城镇丧偶老人。在社区将成为老年人享受公共养老服务最主要平台的情况下，如何提升城镇地区丧偶老人与基层管理者的互动和交往，将在很大程度上影响社区居家养老服务效率的发挥。

大规模的调查和田野调查发现，丧偶老人对于适老的社会活动往往表现出更高的参与热情，通过参与相关的社会活动，丧偶老人得以搭建起他们与外界社会联通的平台和渠道，成为他们应对自己不利境地的生存策略。在有关丧偶老人社会扶助的政策设计中，应该充分运用好相关社会组织在丧偶老人群体中的影响和地位，为他们提供可接受的社会支持和服务。

第七章

丧偶老人的居住安排现状

《礼记·礼运》的《大同篇》中已有："……使老有所终，壮有所用，幼有所长，鳏寡孤独废疾者，皆有所养。"鳏、寡者也即当今所谓的丧偶男性和丧偶女性，这是儒家设想的所谓"大同世界"的景象，同时"忠孝"作为统治阶级维护自身权力和社会稳定的重要价值观，也得到了历朝历代的一致认可和大力推崇。在中国的文化传统和相关法律条文中，子女都被视为老年人晚年生活保障的第一责任人，并且对于不承担父母赡养责任者都有相当严厉的处罚(刘德增,1992)。年迈的父母与子女共同居住，子女尊老孝亲、侍奉年迈父母的日常起居、供奉他们衣食住行之需，已经深入普通中国人的血液之中，成为近乎是天经地义的公理。

但随着中国现代化进程的开启，特别是经济社会的高速发展，社会生活发生了史无前例的巨大转变，家庭结构、代际关系、养老观念等都在短短的数十年间发生了巨大的变化。一方面是包括丧偶老人在内的所有老年人的经济独立性、健康状况等均有了很大的改善，老年人的生活自主、独立能力显著提升；另一方面人们住房条件的改善，对个体生活的独立性、私人空间隐蔽性、个人隐私等关注也日渐增温，家庭规模日趋小型化、结构简单化，老人的居住安排也呈现出日益多元化的选择，从相对单一的与子女同住为主逐步向独立居住、流动式居住以及入住养老机构等方式分流，呈现出多元化的发展势头。数据显示，近10年来，丧偶老人独居的比例在全国范围内显著提升（丁志宏等，2006）。

本章将重点利用第三期中国妇女社会地位调查中“户内成员情况表”所提供的数据信息，从丧偶老人的家庭结构来洞察其实际居住安排，并考察老年人的居住意愿，通过与有偶老人的情况对比，揭示出当前我国丧偶老人群体居住安排特点。同时，利用人口普查数据对老年独居状况的变化进行了省级比较分析，以期能够较为全面地展示当下中国丧偶老人居住安排的特点，为进一步深入分析研究影响丧偶老人居住安排的相关因素奠定基础。

一、中国家庭结构分类及变迁

1. 家庭结构的划分标准

家庭结构是指具有血缘、姻缘等关系成员所组成生活单位的类型和状态。从国内已有的关于家庭结构的研究文献来看，学者们对家庭结构的分类、每一种家庭结构的内涵还存有较大的分歧，这突出表现在不同学者对家庭结构有不同的标准。如对于中国家庭结构中最重要的“核心家庭”这一概念，有的学者将其界定为“一对夫妻与未婚子女组成的家庭”，强调父母双亲与未婚子女共同组成（费孝通，1982；阎云翔，2006）。而有的学者则认为只要是父母（一方或双方均可）与未婚子女组成的家庭均为核心家庭（马有才，沈崇麟，1986；马春华等，2012）。后者实际上范围更广，除了完整的夫妻双方和未婚子女的情况外，还包含了离异、丧偶及分居的夫妻与未婚子女等其他三种家庭形式。有的学者甚至将仅有夫妻两人的家庭也冠以“夫妻核心家庭”之名（彭希哲等，2014；王跃生，2014），将其也归于“核心家庭”的范畴之中。有学者将父母与已婚但未生育第三代的子女组成的家庭也视为核心家庭(陈铭卿,1986)。同时,对于直系家庭(有的也称主干家庭)的定义则更是五花八门,对这一概念所涉及的家庭成员在代际和姻亲关系的界定各持己见。如绝大多数学者认同“夫妻与已婚子女组成的家庭”为直系家庭,但对于这类家庭中是否必须是夫妻双方均健在,已婚子女是否必须是处于在婚有偶,离婚、丧偶是否也涵盖其中,家庭成员的代际关系是仅限于两代还是包含三代及以上,代际之间是否必须无间断等诸多问题,不同的学者也有不同的主张。有时甚至出现同一位学者在不同的文章中对同一种家庭结构的定义也不尽相同的情形。表 7 - 1 罗列了国内在家庭结构领域具有较大影响的几位学者对直系家庭的定义,从中可窥见国内学术界对该概念理解的分歧。

表 7 - 1　部分学者对“直系家庭”概念的界定比较

代数	代际关系		姻亲关系
	学者	代际间隔	
仅两代	彭希哲等,2014	无间隔	各代仅一对夫妻,且均健在
两代及以上	马春华等,2012	无间隔	各代夫妻均健在
	马春华,2012	无间隔	各代夫妻不一定均健在
	王跃生,2014	可有间隔	各代夫妻不一定均健在
	阎云翔,2006	未限定	父代夫妻不一定均健在,但子代夫妻健在
	马有才等,1986	未限定	各代夫妻不一定均健在

2. 当代中国家庭结构的变迁

1982 年以来每隔十年一次的全国人口普查为了解中国的家庭结构状况提供了最权威和全面的数据资料,是我们了解改革开放这 30 多年来中国家庭结构变化的重要依据。中国社会科学院等所开展的有关婚姻家庭的几次专项调查以及部分省区市的小型调查也进一步丰富和发展了我们对中国当代家庭结构状况的认识和了解。马春华等对相关文献的回顾中

指出,就中国家庭结构的研究发现而言,学者们在家庭人口规模逐步缩小,以核心家庭和直系家庭为主的结论上达成了基本的共识,且城乡之间存在较显著的结构性差异(马春华等,2011)。

表7-2是王跃生和彭希哲的研究团队根据历次人口普查数据,对30多年来中国家庭结构的一个梳理。正如前文所说,由于研究者对家庭结构的划分标准存有差异,故而在结论上也有一定的出入。如果将彭希哲等界定的夫妻家庭和二代核心家庭都视为王跃生等的核心家庭概念之下,则两个团队对中国家庭结构的界定是基本一致的,即当前中国的家庭结构中,核心家庭占据了绝对的主导地位。王跃生等的研究发现,核心家庭在过去的30年间呈现出逐步缩减的态势;而彭希哲等的研究则揭示出夫妻家庭稳步增长、二代核心家庭逐步缩减的趋势。相对而言,在过去的30多年间直系家庭所占的比例则基本稳定在20%左右,变化不大;单人家庭所占比例有一定幅度的提高。

表7-2 1982—2010年中国家庭结构的变化状况比较(%)

学者	家庭结构	1982年	1990年	2000年	2010年
A 王跃生	单人家庭	8.0	6.3	8.6	13.7
	核心家庭	68.3	70.6	68.2	60.9
	直系家庭	21.7	21.3	21.7	23.0
	其他	2.0	1.7	1.5	2.4
B 彭希哲等	单人家庭	8.0	6.3	8.3	10.0
	夫妻家庭	4.7	6.4	12.7	18.5
	二代核心家庭	65.7	67.6	57.6	51.3
	隔代家庭	0.7	0.7	1.9	2.3
	扩展家庭	20.9	19.0	19.5	18.0

资料来源:A 王跃生等:《中国城乡家庭结构最新变动、特征和影响因素分析》,载于国家统计局人口与就业统计司主编:《发展中的中国,2010年全国人口普查研究论文集》,中国统计出版社,2014,第735页;B 彭希哲等:《中国家庭模式变迁的现状及趋势》,载于国家统计局人口与就业统计司主编:《发展中的中国,2010年全国人口普查研究论文集》,中国统计出版社,2014,第623~629页。

在过去数十年间,我国老年人口的居住安排发生了很大的变化(曾毅等,2004),尽管丧偶是导致老年居住安排和家庭结构转换的一个重要节点(Hays,2002;焦开山,2013),但国内对丧偶老人居住安排的专题性研究鲜有人涉及。当下我国规模庞大的丧偶老人居住安排的现状、特点如何?这些状况可能会对国家所提倡的居家养老战略、社会养老服务体系等带来哪些机遇和挑战?这些问题的答案蕴含在包括丧偶老人及其家庭的积极探索、实践中,亟待研究者、政策制定者通过深入扎实的调查研究去发现和总结,以使得国家相关的居家养老公共政策的制定和实施更切合现实的需求。

3. 老年独居家庭户的变化

由于我国老年人口未婚、离婚的比例相对较低,同时有偶老人分居的比例也非常低(2.2%),故大体上可以认为独居老人主要是以丧偶老人为主。本文即利用独居老人的数据来对我国丧偶老人独居状况的发展变化趋势进行初步的探讨。

利用全国人口普查的相关数据,我们对2000—2010年这十年间我国家庭户中单身户的变动情况进行了梳理。数据显示,在这十年间,我国家庭户中单身户的数量和占家庭户的比例激增,增幅高达106.5%,也即翻了一番,其中老年单身户的数量从2000年的784万户增至2010年的1 444万户,增幅达到84.3%(见表7-3)。

表7-3　2000—2010年间中国家庭户、单身户及老年单身户的变化情况分布(万户/%)

		2010年	2000年	增额(万户)	增幅(%)
家庭户		40 193	34 049	6 144	18.0
单身户	户	5 840	2 827	3 012	106.5
	占家庭户%	14.5	8.3		+6.2
老年单身户	户	1 444	784	660	84.3
	占单身户%	24.7	27.7		-3.0

资料来源:2000年、2010年全国人口普查数据。

全国人口普查数据显示，在2000—2010年的十年间，全国有65岁及以上老年人口的家庭户中，一个老人独居家庭户比例在2000年的基础上增长了4.9个百分点，达到了16.4%。31个省区市无一例外都有不同程度的增加。其中，重庆市的增幅最大，达到了10.8个百分点，新疆(9.7)和黑龙江(8.2)紧随其后，增幅较小的是西藏(0.2)、广东(2.1)及云南(2.4)。

2000年15个省区市的该项比例在10%以下，最低的青海省仅为5.0%，14个省区市在10.0%～15.0%，只有山东(17.5%)和浙江(20.1%)超过了15.0%。2010年，只有西藏、甘肃、云南及青海4个西部省区市的该比例还保持在10%以下，江西等8个省区市在10.0%～15.0%，分别较十年前减少了11个和6个省区，超过15.0%的省区市数则增至19个，比2000年增长了17位，其中浙江、山东和重庆甚至超过了20.0%，最高的浙江省达到了25.0%。十年间我国不同省区市老人家庭户中独居比例普遍提高。

二、丧偶老人的居住安排

如在文献回顾中所指出的，欧美等西方国家在谈及老年人的居住安排议题时更多是关注居住的地点、环境设施、服务等外部条件，而中国则是更多关注到老年人与子女的相互关联，也即更注重居住安排中人与人的关系。

1. 中国老年居住安排的类型

国内有关老年居住安排通常主要考虑同住者与老年人的代际关系，而不太考虑同住者的婚姻状况，相对于需要考量家庭成员婚姻状况和代际关系的家庭结构而言，居住安排的分类和测定也相对简单，国内相关研究通常将老年人的居住安排划分为以下五种类型：

①独居户：仅老年人一个人的家庭户。②仅与配偶同住的夫妻户。③仅与子女同住的二代户。④隔代户：共同居住生活的家庭成员仅有孙子女，子女一辈缺位的家庭户。⑤三代及以上户：共同居住和生活的家庭成员至少有子女、孙子女的大家庭。

本研究主要利用第三期中国妇女社会地位调查采集到的所有入户调查家庭户的"户内成员情况表"数据资料来确定被调查者的居住安排状况。该表采集了被访家庭中所有家庭成员（无论是否在本户常住）及常住在本户内的其他非亲属人员的相关信息，包括与户主的关系、性别、年龄、婚姻状况、户口性质、是否在本户常住六方面的信息。

在全部 10 575 户被访老人家庭中，有 22.5% 的家庭有一个及以上家庭成员不常住在本户内，而丧偶老人家庭为 24.8%。为了揭示家庭成员的外出流动对丧偶老人实际居住状况的影响，在分析中同时呈现了由常住家庭成员构成的"实际居住安排"和包含外出家庭成员的"心理居住安排"。鉴于对老年人而言，其家庭成员是否与其实际共同居住对了解其生活状态更有现实意义，故在本研究中，主要考察常住人员所构成的家庭结构状况及由此形成的居住安排，为了突出丧偶老人居住安排的特点，研究分别对有偶老人及丧偶老人两个不同群体的居住安排状况进行了比较。

2. 丧偶老人居住安排的特点

从表 7 - 4 可见，接近一半（46.6%）的丧偶老人实际处于独居状态，略低于与子女共同居住的比例（49.6%），其中生活在三代及以上大家庭的约占 1/3，仅与子女两代共同生活的为 18.5%；有配偶老年人的居住安排中首先是只有一代的夫妻户，即空巢家庭户（59.8%），其次是三代及以上的直系家庭户（20.6%），最后是仅与子女一代共同居住的两代户（12.8%）。

丧偶老人与子女共同生活的比例显著高于有配偶的老年人，此外有偶老人单独与孙子女辈共居的隔代户也略高于丧偶老人的相应比例。配偶离世后的一个人独居户与和配偶相依相伴的空巢户虽然都是老人不与子女同住,但对于老人而言是截然不同的两种生活状态。

数据显示,家庭成员的外出明显增加了独居、同代户、两代户及隔代户等小家庭户的比例,而三代及以上的大家庭户所占比例则有较大幅度的减少。对于丧偶老人而言,独居比例增长了7.7个百分点,两代户和隔代户分别增长了4.9个和1.3个百分点,而三代及以上户则减少了13.8个百分点。

表7-4 不同老年群体的居住安排状况分布(%)

	丧偶老人		有偶老人		所有老人	
	仅常住	含外出	仅常住	含外出	仅常住	含外出
独居户	46.6	38.9	1.6	0.4	19.3	15.7
夫妻户	0.4	0.5	59.8	52.5	37.5	33.0
两代户	18.5	13.6	12.8	11.9	14.7	12.5
三代及以上户	31.1	44.9	20.6	32.3	24.0	36.3
隔代户	3.4	2.1	5.2	2.9	4.5	2.5
合计	100.0	100.0	100.0	100.0	100.0	100.0
N	3 774	3 774	6 588	6 588	10 576	10 576

3. 丧偶老人居住安排的差异

无论男女,城镇丧偶老人独居的比例要显著高于农村,农村丧偶老人与子女同住的比例更高,呈现出显著的城乡差异。城镇地区丧偶老人居住安排上的性别差异并不显著,而在农村丧偶老年妇女独居的比例则明显低于丧偶老年男性,前者与子女共同生活的比例要显著高于后者,也即丧偶老人居住安排的性别差异农村更显著(见表7-5)。

相对城市,农村地区丧偶老人的居住安排受家庭成员外出的影响非常显著:由于家庭成员外出导致农村男女丧偶老人独居的比例分别提高了

8.6 个和 9.8 个百分点，城镇的相应增幅为 4.3 个和 5.0 个百分点。可见，家庭成员的外出对农村，特别是丧偶老年妇女的居住安排影响更为显著。

表 7-5　分城乡、性别丧偶老人的居住状况分布(%)

	城镇		农村		总体	
	男	女	男	女	男	女
包含外出家庭成员的居住安排(A)						
独居	47.8	47.2	40.9	30.3	42.7	37.5
夫妻户	0.7	0.8	0.3	0.3	0.4	0.5
两代户	12.4	14.5	10.7	14.7	11.1	14.6
三代及以上户	36.9	35.3	46.1	52.8	43.6	45.4
隔代户	2.2	2.2	2.0	1.9	2.2	2.0
合计	100.0	100.0	100.0	100.0	100.0	100.0
仅含常住家庭成员的居住安排(B)						
独居	52.1	52.2	49.5	40.1	50.2	45.2
夫妻户	0.7	0.7	0.3	0.3	0.4	0.4
两代户	15.0	17.7	17.2	20.2	16.6	19.2
三代及以上户	29.3	27.1	29.1	35.2	29.2	31.8
隔代户	2.9	2.3	3.9	4.2	3.6	3.4
合计	100.0	100.0	100.0	100.0	100.0	100.0
N	274	1 169	749	1 581	1 443	2 330
B - A						
独居	+4.3	+5.0	+8.6	+9.8	+7.5	+7.7
夫妻户	0	-0.1	0	0	0	-0.1
两代户	+2.6	+3.2	+6.5	+5.5	+5.5	+4.6
三代及以上户	-7.6	-8.2	-17	-17.6	-14.4	-13.6
隔代户	+0.7	+0.1	+1.9	+2.3	+1.4	+1.4

4. 丧偶老人居住户的户主分布差异

在自己为户主的家中生活的老人其自主性和独立性可能相对更高,因此了解丧偶老人的居所谁为户主是了解老年居住安排的一个重要信息。数据显示,丧偶老人居所的户主状况存在显著的城乡和性别差异(见表7-6)。城镇地区的丧偶老人,无论男女七成以上是住在自己为户主的家庭中,其中五成以上是独居自己家中,二成左右分别是儿子或女儿与其同住。而在农村,住在自己为户主家中的男性丧偶老人为68.3%,女性则仅有48.7%,是四个群体中比例最低的。相对而言,城镇性别差异小,农村的性别差异则相对明显。城乡丧偶老人居住安排户主的差异格局,与其社会经济的独立性之间存在显著的相关性。

从居于子女为户主家庭的情况来看,则无论城乡还是性别,居住在儿子家中的比例均显著高于居住在女儿家中的比例。这与中国家庭父系继承制度有关,“养儿防老”的传统习俗依然深刻地影响着人们的现实生活。但相对而言,城镇丧偶老人居住在女儿家庭中的比例明显高于农村,老年丧偶女性居住在女儿家中的比例则显著高于同地域的男性丧偶老人。

丧偶老人居住的户主分布还存在一个十分有趣的性别差异现象:无论城乡,在丧偶老人为户主的情况下,男性更多是与儿子同住,而女性则更多是与女儿同住,显示出非常强烈的性别差异。这一方面,可能是儿子为丧偶的父亲提供日常的生活照料方面相对更方便,彼此更容易沟通相处;另一方面,丧偶的母亲与女儿之间的隔阂可能相对更少,相处更融洽,而与儿媳妇之间的相处则相对困难,矛盾冲突更多。丧偶老人居住安排上呈现的这种性别差异,也是有待于研究者进一步去探究和追问的社会文化现象。

表 7－6　分城乡、性别丧偶老人居住安排的户主分布(%)

	城镇		农村		总体	
	男	女	男	女	男	女
自己为户主	77.7	75.2	68.3	48.7	70.7	59.8
独居自己家	51.3	51.0	44.5	32.4	46.2	40.2
有子同住自己家	26.4	0.3	23.8	0.8	24.5	0.5
有女同住自己家	0.0	23.9	0.0	15.5	0.0	19.1
子女为户主	22.3	24.8	31.7	51.3	29.3	40.2
居儿子家	15.7	17.4	30.2	47.1	26.3	34.2
居女儿家	6.6	7.4	1.5	4.2	3.0	6.0
合计	100.0	100.0	100.0	100.0	100.0	100.0
N	273	1 169	748	1 582	1 021	2 751

三、居住意愿

1. 丧偶老人的居住意愿

在第三期中国妇女社会地位调查老年专卷中，调查询问了被访老人“您愿意和子女共同生活吗?”分别设置了“不愿意”“愿意和儿子同住”“愿意和女儿同住”“无所谓”“不好说”及对无子女的老人设置的“不适用”6 个选项来了解老年人的居住意愿。

正如 Hays 在老年居住安排影响因素及后果的理论模型中指出的(见图 2－3)，老年人对于居住安排的偏好和预期是影响其实际居住安排的重要心理原因。它直接影响对现实居住状况的满意状况，是决定其是否改变当前居住安排的重要驱动力。而居住意愿正是测度居住偏好的一个有效指标。

总体而言，老年人的居住意愿和实际的居住安排之间存在较强的关联性:一方面老年人的居住意愿会在一定程度上影响对其实际居住的安排,另一方面老年人对其现实居住安排是否满意和认可也会反过来修正或强化其居住意愿。

数据显示,不同婚姻状况老年人的居住意愿显示出较显著的差异性:丧偶老人希望与子女同住的比例要显著高于有配偶的老人,其中明确表示愿意与儿子同住的比例高达46.4%,8.9%的丧偶老人表示“愿意和女儿同住”。上述两项比例均高于有配偶老人,这与客观上丧偶老人对子女的支持有更强烈的需求相吻合。数据也显示,所有老人与儿子同住的愿望均显著高于与女儿同住的愿望,前者比后者高出31.1个百分点。这也充分说明在当前中国的老年人中“养儿防老”的传统观念还是占据着绝对的主导地位。

相对而言,有配偶的老人明确表示不愿意和子女同住的比例则显著高于丧偶老人。这在很大程度上与空巢家庭中的夫妻两人可以彼此满足生活照料及情感抚慰的需求,对子女的依赖相对较低是密切相关的。无论丧偶还是有配偶老人,都有相当比例的老人在是否选择与子女同住这一问题上持“无所谓”的态度,也在一定程度上揭示出他们对“养儿防老”、依靠子女照料等传统观念的认同度在弱化(见表7-7)。

表7-7 不同老年群体的居住意愿状况分布(%)

	所有老人	有偶老人	丧偶老人
不愿意	32.0	36.3	23.3
愿意和儿子同住	37.8	33.6	46.4
愿意和女儿同住	6.7	5.6	8.9
无所谓	19.1	20.4	16.6
不好说	3.4	3.3	3.5
不适用	1.0	0.8	1.3
合计	100.0	100.0	100.0
N	10 019	6 622	3 329

2. 丧偶老人居住安排与居住意愿的匹配

在现实生活中，丧偶老人的实际居住安排受到诸多主客观因素的影响，并不一定能与其理想的居住意愿完全匹配。

数据显示，在丧偶老人群体中，实际的居住安排与其理想居住意愿之间差异最大的是独居者，而吻合程度最高的则是居住在三代及以上大家庭户中的老人：仅有39.1%的独居丧偶老人是按照自己的意愿独自生活，他们中有近1/3的人明确表示希望能够与子女共同居住，但由于种种原因未能如愿；生活在两代户中的丧偶老人七成以上也是愿意与子女共同生活的；生活在三代及以上大家庭中的丧偶老人，81.8%的人愿意与子女共同居住，其居住意愿与实际居住状况的吻合程度是最高的（见表7-8）。

已有研究显示，老年人居住方式及居住方式意愿是否得到满足对于丧偶老年人的生活满意度有显著的影响，但对配偶健在的老年人的生活满意度并没有显著的影响（曾宪新，2011）。结合本研究的数据，可以预测，在丧偶老人群体中，独居群体的生活满意状况相对而言应该是最差的，而如愿与子女共同生活在三代及以上大家庭中的丧偶老人的生活满意度则是相对最高的。

表7-8　丧偶老人居住安排与居住意愿的匹配情况分布（%）

	独居	同代户	两代户	三代及以上户	隔代户	合计
不愿意	39.1	42.9	9.2	5.9	15.6	22.3
愿意和儿子同住	28.4	28.6	60.1	73.9	59.0	49.7
愿意和女儿同住	5.7	0.0	13.0	7.9	5.7	7.7
无所谓	19.5	28.5	14.4	9.4	10.7	15.1
不好说	4.7	0.0	2.7	2.2	6.6	3.6
不回答	2.6	0.0	0.6	0.7	2.4	1.6
合计	100.0	100.0	100.0	100.0	100.0	100.0
N	1 709	14	694	1 167	122	3 706

四、不同居住安排丧偶老人的社会经济状况比较

为了清晰地揭示不同居住安排状态下丧偶老人群体生活状况的差异，我们细分了丧偶老人的家庭代际关系，将居住安排分为独居、两代户、三代及以上户和隔代户四种类型，对一些主要的社会经济状况进行了比较（见表7-9）。

相比与子女共同生活的丧偶老人，独居丧偶老人的经济独立性相对较高，其次是隔代户，而两代户和三代户的经济独立性明显低于前面两种类型的丧偶老人。这说明经济保障独立性的增强可能会提升丧偶老人独居的可能。男女丧偶老人在经济独立性上的差异都很明显。

从健康自评情况来看，不同居住安排丧偶老人之间的差异性并不太大，但男性总体均比女性要好。有意思的是，不同的居住安排下男女丧偶老人的生活自理能力状况呈现出较大的差异性：对于男性丧偶老人而言，生活在三代及以上家庭户中的男性丧偶老人生活自理能力最高，其次是独居的男性丧偶老人；对于女性丧偶老人而言，生活在独居户和隔代户中的女性丧偶老人，其生活自理状况要明显高于与子女同住的两代户和三代及以上户中的对应群体。男性丧偶老人的数据有悖于生活自理相对较弱的丧偶老人更可能与子女同住以获取照料支持的常理，可能的解释是：生活在三代及以上家庭户中的男性丧偶老人，在实际的日常生活中往往需要自己打理的事务相对较少，而可能高估了自己的生活自理能力。

对于丧偶老人社会支持状况的比较可以发现，男女丧偶老人的差异性也较为突出：隔代户中的男性丧偶老人对基层干部的熟识程度要显著高于其他群体，独居和三代及以上户中的男性丧偶老人相差不大，两代户中生活的丧偶老人相对而言对基层干部的熟识情况最低；男性丧偶老人对邻里的熟识程度与其居住安排之间没有明显的相关性；独居的丧偶男性比其他

居住安排下的男性丧偶老人对本地的涉老政策知晓率更高,隔代户中的男性丧偶老人的知晓率则最低,这可能是后者重心更多是在照料孙子女,而对自身的关注相对较低所致。

数据显示,近九成的女性丧偶老人对邻里都相对熟悉,其对村居委会基层干部和本地涉老政策的知晓也相对更高。其他各类居住安排下的丧偶老人则相差不大,这可能与独居丧偶老年妇女更需要外界的社会支持有关。

表7-9　分居住状况、性别丧偶老人的主要特征分布(%)

		独居	两代户	三代及以上户	隔代户	合计
主要生活来源靠自己	男	57.4	44.4	43.8	52.8	51.0
	女	42.5	33.1	24.0	24.7	34.0
自评健康好	男	36.5	35.7	37.0	41.7	36.8
	女	32.2	32.8	30.5	30.9	31.8
生活自理	男	68.0	60.8	71.3	64.9	67.5
	女	69.2	63.8	62.7	69.1	66.1
熟识邻里的情况	男	92.0	91.9	90.6	91.7	91.6
	女	90.3	84.4	88.0	85.1	88.1
熟识村居委会干部	男	68.6	63.2	68.5	75.0	67.8
	女	55.3	49.9	49.3	51.6	52.3
本地涉老政策的知晓率	男	43.3	39.8	37.2	33.3	40.5
	女	39.7	32.1	34.0	35.2	36.2

五、小结与思考

伴随中国经济社会的剧烈转型和快速发展,中国的家庭结构在过去的三十多年间也发生了显著的改变,突出表现为家庭人口规模逐步缩小、核

心家庭占据主导地位、直系家庭所占的比例基本稳定在20%左右,变化不大;单身家庭所占比例有一定幅度的提高,且城乡之间存在较显著的结构性差异。对于老年人,特别是丧偶老人而言,其家庭结构在过去的二十多年间呈现一人独居的比例日增,而与子女共住的比例日减的变动趋势。目前两者的比例已较为接近。数据显示,2010年有超过一半的丧偶老人处于与子女共同居住的传统居住方式,独居的比例也达四成。如果考虑家庭中青壮年成员常年外出的影响,则丧偶老人实际处于独居和与子女同住的比例已基本持平。丧偶老人的居住安排呈现出显著的城乡和性别差异。

研究发现,独居丧偶老人的居住意愿与现实的居住安排之间差距是最为显著的,即丧偶老人的独居更多是迫于现实的无奈,而非他们自主选择的生活方式。在目前国内相关的社会养老支持服务体系还相对薄弱和欠缺的情况下,独居的丧偶老人在日常生活、照料及精神慰藉等方面都还面临诸多的困难和挑战。对于这些独居丧偶老人的现实生活状况及其可能面临的困境,也都还有待于进一步的研究去发现、梳理并呈现给社会公众和政策制定者。

对不同居住安排状况下男女丧偶老人主要社会经济状况的比较可以发现,独居和隔代户中生活的丧偶老人总体上比与子女共同生活的丧偶老人要略好一些。男性丧偶老人的情况则在总体上比同类型的女性丧偶老人要更好,特别是他们对于社会支持性网络的获取和触及方面都要明显高于与子女同住的丧偶老人。这不仅反映了丧偶老人的居住安排与其自身的社会经济状况之间存在着较强的关联,也可以视为丧偶独居老人对生活的积极应对策略。

此外,研究还揭示出丧偶老人居住安排中的显著性别差异和分化现象。这在以往的研究中是很少被人们关注的一个话题。通过社会性别的分析研究视角对于该现象的深入探究,将有助于我们更进一步认识和了解社会性别对丧偶老人居住安排的影响,也会为制定具有社会性别意识的社会养老服务政策等提供宝贵的意见和建议。

本部分仅就丧偶老人的居住安排状况进行了初步的描述性分析，是一个基础性的研究结果。围绕丧偶老人的居住安排还有许多值得进一步深入探析的议题，如就描述性分析而言，也还可以有更多维度的一些数据呈现，如分年龄、分健康状况、分社会经济条件等。此外，还可以利用一些追踪数据探究丧偶事件对老年居住安排的影响，通过多元统计分析等方法去探讨丧偶老人居住安排的影响因素，通过深入访谈等质性分析研究方法洞悉社会性别因素对丧偶老人居住安排的影响机制和作用渠道等。

第八章

丧偶老人居住安排的影响因素分析

以往对老年居住安排的研究大多着眼于老年人自身的社会经济状况及照料支持需求,并且将婚姻状况和性别作为影响因素或者控制变量加以考虑,较少考虑到老年人与子女之间的代际支持状况对其居住安排的影响,同时也鲜有聚焦于丧偶老年群体的专题研究。本研究试图回答以下问题,即老人与子女之间的代际支持状况是否对其居住安排有显著的影响?此外基于社会性别的视角,本部分将关注男女两性丧偶老人相关境遇的差异性。

一、已有研究文献回顾

1. 丧偶老人居住安排及代际支持的性别差异

已有的研究显示,丧偶老年妇女与子女共同居住的比例要显著高于丧偶的男性老人。这可能是因为丧偶老年妇女自身的社会经济条件相对较差,更需要子女的支持和帮助。也有研究认为,这可能也与老年妇女长期以来在家庭中更多承担照料家人的角色,会增强其与子女的亲密关系有关。她们与子女之间的代际互动状况往往好于丧偶的老年男性群体(Cochran et al. ,1999),老年妇女与子女之间的代际支持互惠性更明显(张文娟,李树茁,2005)。

许多东亚地区的家庭养老方式下的老年人代际支持研究证明,子女对老年父母的代际支持会因丧偶而增强(Hermalin,Ofstedal et al. , 1996;Rogers,1996;张震,2004)。许多实证研究揭示丧偶老人的代际支持状况存在显著性别差异,女性丧偶老人更容易获得子女的代际支持(Logan,Fuqin et al. ,1998;Logan & Bian,1998;Cooney & Shi,1999;嫣盛明等,2001;Pimentel & Liu,2004;杨菊华等,2009)。

2. 老年居住安排的影响因素研究

美国学者(Kobrin and Goldscheider, 1982)根据研究将影响老年人口居住安排的影响因素归纳为三个方面:人口条件是否存在(Demographic availability),经济上是否可行(Ecomic feasibility),意愿是否合乎社会规范(Normative desirability)。国内学者的研究也在一定程度上印证了这一观点:郭志刚(1992,1996)的研究指出,不仅子女的数量,而且子女的性别也对老年人口的居住方式有所影响。大多数高龄老人的居住方式是年龄、城乡、婚姻状况、经济独立程度(张震,2001)、日常生活自理能力、性别与经济独立程度的交互作用共同影响的结果。此外老年人自身的文化程度(王梁,2006)和居住意愿(陆杰明等,2008)也是影响其居住安排的重要因素。

以往的研究显示,在成年亲子关系中,父母对子女的需求比子女的需求对居住模式的影响更大(Bian et al. ,1998;Logan et al. , 1998),在东亚地区亲子关系具有显著的互助、互惠的特点(Martin,1988)。有研究指出,受传统文化的影响,中国现实的代际支持模式中,父母向子女提供的代际支持,包括经济上的(房产)资助、帮助照料孙子女、料理家务等,更为普遍,也更重要。这也与中国妇女社会劳动参与率高,而社会公共支持体系发展欠缺等所导致的矛盾有关(Davis,1993,2000;Chen et al. ,2000)。

以上研究为本课题提供了重要的理论和观点资源,但还存在以下不足:①国内社会老年学对丧偶老年人这一群体居住安排的状况关注不够;②对不同性别丧偶老人的代际支持与居住安排之间的关系缺乏深入研究。已有的老年居住安排的研究通常将老年人的婚姻状态作为一个控制变量加以讨论。此外,已有的研究更多是从老年人自身社会经济状况等角度进行研究,缺乏从代际支持的角度去探讨老年人的居住安排变化。

本研究试图回答以下问题:丧偶老年人与子女之间的代际支持状况是否对其居住安排产生影响?若有,是否具有性别差异?

二、模型设置

1. 因变量

老年人的实际居住状况及居住意愿是研究其居住安排最核心的两个指标。本研究着眼于实际居住状况这一维度,用丧偶老人是否与子女共同居住作为因变量。本文有关丧偶老人居住安排的数据,来源于调查问卷首页的“户内成员情况表”。该表对被访者的家庭成员情况进行了逐一记录,包括与户主关系、性别、年龄、婚姻状况、户口性质及是否在本户常住6方面的信息。本研究将丧偶老年人的居住安排分为:不与子女同住和与子女同住(包括与子女及与子女及其家人)两种类型。

2. 主要自变量

本研究使用子女与老人之间相互的代际支持作为主要自变量,调查中分别了解了儿子和女儿向父母提供经济支持(NF9 AA、NF9 BA)、生活照料(NF9 AB、NF9 BB)、听老人说心里话(NF9 AC、NF9 BC)的情况,父代向儿子和女儿提供的经济资助(NF10 AA、NF10 BA)、照看小孩(NF10 AB、NF10 BB)、日常生活照料(NF10 AC、NF10 BC)、看家、干农活(NF10 AD、NF10 BD)、听子女说心里话(NF10 AE、NF10 BE)共 8 项代际支持。已有的一些研究表明,儿子和女儿与父母的代际支持存在差异(徐勤,2011;李树茁等,2011),但本研究主要着眼于老年人的性别差异,故为了简化模型,本文忽略子女性别的影响,将儿子和女儿所提供或获得的代际支持合而为一进行分析。上述的 8 个主要自变量均为虚拟变量,0 代表没有支持,1 为获得支持。

3. 控制变量

为了解主要自变量对因变量的独立作用,本研究控制丧偶老人的年龄、丧偶的年数、居住地类型、文化程度、主要收入来源、自评健康状况及子女性别。表 8－1 为本研究所有变量的定义及基本描述性统计信息。

表 8－1　变量定义及相应的描述性统计

变量	定义	男(N＝1 022)		女(N＝2 753)	
		均值	标准差	均值	标准差
因变量					
居住状况	1＝与子女同住;0＝不同住	0.57	0.50	0.62	0.49
主要自变量					
子—亲经济支持	1＝有;0＝无	0.79	0.41	0.87	0.33
子—亲生活照料	1＝有;0＝无	0.84	0.37	0.90	0.29
子—亲精神慰藉	1＝有;0＝无	0.85	0.36	0.91	0.29
亲—子经济支持	1＝有;0＝无	0.40	0.49	0.28	0.45
亲—子照看小孩	1＝有;0＝无	0.50	0.50	0.68	0.47

续表

变量	定义	男(N=1 022)		女(N=2 753)	
		均值	标准差	均值	标准差
亲—子生活照料	1=有;0=无	0.39	0.49	0.56	0.50
亲—子看家/干农活	1=有;0=无	0.59	0.49	0.61	0.49
亲—子精神慰藉	1=有;0=无	0.68	0.47	0.77	0.42
主要控制变量					
文化程度	0=文盲;1=小学及以上	0.60	0.49	0.35	0.48
城乡	0=城市;1=农村	0.73	0.44	0.57	0.49
健康自评	1=不好;0=好	0.24	0.43	0.28	0.45
主要收入来源	1=靠自己;0=靠他人	0.44	0.50	0.56	0.50
自己名下房产	0=没有,1=有	0.69	0.46	0.51	0.50
子女性别	0=儿女双全;1=有女无儿;2=有儿无女	0.36	0.71	0.28	0.66
居住意愿	0=不愿意与子女同住;1=愿意与子女同住;2=说不清	0.97	0.66	0.98	0.65
年龄		75.34	6.43	75.16	6.60
丧偶时间		10.59	9.26	12.67	10.18

注:本表为加权数据结果。

三、分析结果

1. 相关分析结果

(1)丧偶老人子—亲代际支持与居住安排的交互结果

在我国有非常浓厚的子—亲代际支持传统。子女给予父母经济、生活照料及精神慰藉等各方面的代际支持被视为天经地义的事情。虽然不少研究发现这些传统正面临着现代社会发展带来的诸多挑战，但数据显示，在我国丧偶老年人中，七成以上能获得子女各方面的代际支持和帮助（见图 8-1）。

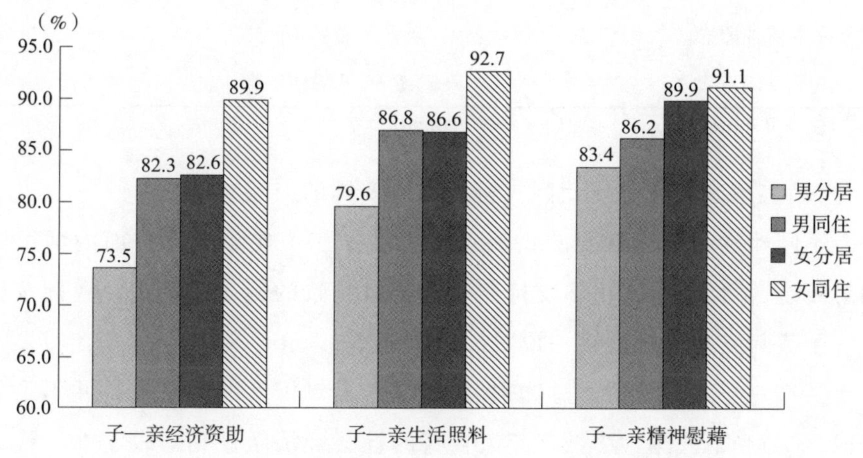

图 8-1　分性别丧偶老人获得子—亲代际支持的情况

简单交互分析结果显示，丧偶老人的居住安排与代际支持之间存在以下三个特点：①无论男女，与子女同住者获得子女各方面的代际支持均高于分居者。②不同居住状况的丧偶老人获得子女经济支持和生活照料两个维度差异显著，而精神慰藉方面差异相对较小。③丧偶老年妇女无论其是否与子女共同居住，她们获得子女经济资助和精神慰藉的比例均显著高于丧偶老年男性。总的来看，丧偶老年妇女获得子女代际支持的比例要高于丧偶老年男性。

卡方检验的结果显示，在子女向父母提供的代际支持上，除精神慰藉外，子—亲经济支持和生活照料与丧偶老人的居住安排都显示出显著的相关性。丧偶老年妇女的居住安排与子女的经济支持、生活照料的相关性更显著（见表 8-2）。

表 8－2　主要自变量与因变量交互分析的卡方检验结果

	男	女		男	女
子—亲经济资助	**	***	亲—子照看小孩	***	
子—亲生活照料	**	***	亲—子生活照料	***	***
子—亲精神慰藉			亲—子看家/干农活	***	***
亲—子经济资助	***		亲—子精神慰藉	*	

注：* P < 0.05；** P < 0.01；*** P < 0.001。

(2)丧偶老人亲—子代际支持与居住安排的交互结果

不同性别和居住状况的丧偶老年人在亲—子代际支持方面的情况则相对复杂，不像子—亲代际支持那样有相对一致的规律和特点。我们按照亲—子代际支持的维度逐一说明(见图 8－2)。

①亲—子经济支持。总体来说，丧偶老人对子女的经济支持并不十分普遍，这与当下我国大多数老年人自身的社会经济条件相对较子女一代弱有关。但相对而言，丧偶老年男性，特别是与子女共同居住者对子女的经济资助情况要显著高于丧偶老年妇女。这是丧偶老年妇女的经济能力显著差于丧偶老年男性的反映。

②亲—子照看小孩。总体而言，丧偶老人向子女提供照料小孩的代际支持比例相对较高，仅次于倾听子女说心里话、给子女精神慰藉这一方面。这在很大程度上是由于我国中青年妇女的社会劳动参与率相对较高，而我国在幼儿照料方面的社会公共支持体系非常欠缺，致使绝大多数家庭在幼儿的照料方面难以获得家庭以外的支持资源，而只能更多地依赖退出了社会劳动市场的老年父母。相对来看，丧偶老年妇女对子女提供照料小孩帮助的比例要显著高于男性。几乎在所有的文化体系中，照料小孩及家人这些无酬劳动通常都是由女性所承担。即便是从社会劳动中退出后的老年时期，女性也会比同龄的男性更多地承担小孩的照料和日常的家务劳动。无论男女，与子女同住的老年人更多地承担了帮助子女照看小孩的责任。

③亲—子生活照料。与子女共同居住的丧偶老人明显比分居者给予子女日常生活照料的比例高，并且女性显著高于男性。

④亲—子看家、干农活。在这一代际支持维度上，同住者与分居者的差异更为突出，而性别的差异则不甚显著。

⑤亲—子精神慰藉。总的来看，多数丧偶老人都能给予子女一些精神上的慰藉，女性总体略高于男性，同住者略高于分居者，但彼此的差异不太显著。

总的来看，在给予子女代际支持的几个维度上，除经济支持方面丧偶老年妇女显著低于男性外，在其他方面女性所给予子女的代际支持都显著高于男性。无论男女，也都是同住者所给予的支持显著大于分居者。

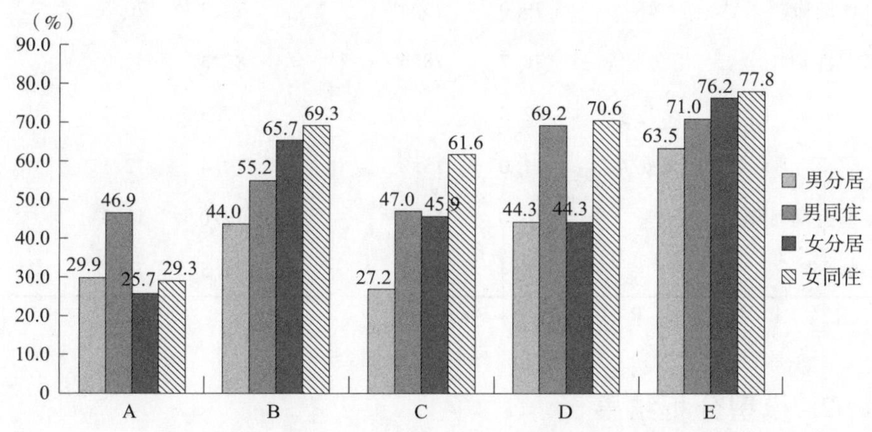

图 8－2　分性别丧偶老人给予子女亲—子代际支持的情况

注：A：经济支持；B：照看小孩；C：生活照料；D：看家、干农活；E：精神慰藉。

（3）控制变量与因变量的交互结果

从控制变量与因变量的简单交互分析可以看到，所有的控制变量与丧偶老人的居住安排之间的卡方或 T 检验的统计显著性检验都在 0.05 以上，这说明这些控制变量与丧偶老人的居住安排之间存在一定的相关性。不同性别丧偶老年人的居住状况与各个控制变量之间的相关性存在一定差异：相对丧偶老年男性而言，城乡、文化程度、丧偶时间及年龄等控制变量与丧偶老年妇女的居住安排存在更为显著的相关性（见表8－3）。

表8－3　控制变量与因变量之间的相关关系　（%）

		男（N＝1 022）			女（N＝2 753）		
		分居	同住	P	分居	同住	P
居住意愿（愿意与子女同住）		34.0	73.9	***	28.9	74.7	***
自有房产（有）		78.5	61.2	***	66.5	40.8	***
城乡（城镇）		29.8	24.4	*	53.6	35.7	***
文化程度（小学及以上）		61.9	59.2		38.8	32.3	**
收入来源（靠自己）		66.1	49.2	***	58.1	35.8	***
自评健康	好	79.0	73.4	*	74.2	70.6	*
子女性别	儿女双全	76.7	78.6		82.3	83.7	
	无儿子	12.3	5.7	***	7.3	4.2	**
	无女儿	11.0	15.8		10.4	12.1	
丧偶时间（年）		10.0	11.2	*	12.0	13.3	**
年龄（年）		75.4	75.3		74.5	75.7	***

注：* $P<0.05$；** $P<0.01$；*** $P<0.001$。

2. 模型分析结果

为了清楚地考察不同性别丧偶老年人居住状况的影响因素，本研究对男女两性分别独立进行模型检验。为了更好地了解控制变量对主要自变量与因变量之间的调节作用，本研究首先仅在模型1中纳入主要自变量，而后在模型2中加入控制变量，模型的结果见表8－4。

表 8-4 分性别丧偶老年居住安排影响因素 logistic 回归模型结果

	模型 1(男性)			模型 2(男性)			模型 1(女性)			模型 2(女性)		
	S. E,	Exp (B)	Beta	S. E,	Exp (B)	Beta	S. E,	Exp (B)	Beta	S. E,	Exp (B)	Beta
子—亲经济支持(无=参照组)	0.17	1.46*	0.09	0.21	0.93	-0.02	0.13	1.30*	0.05	0.15	0.86	-0.03
子—亲生活照料(无=参照组)	0.23	1.48	0.08	0.26	1.23	0.05	0.16	1.67**	0.09	0.18	1.29	0.04
子—亲精神慰藉(无=参照组)	0.25	0.83	-0.03	0.28	0.71	-0.07	0.18	0.94	-0.01	0.20	0.80	-0.04
亲—子经济支持(无=参照组)	0.15	1.76***	0.15	0.18	2.18***	0.15	0.10	1.02	0.00	0.12	1.25	0.06
亲—子照看小孩(无=参照组)	0.16	0.85	-0.04	0.18	0.87	-0.04	0.11	0.59***	-0.13	0.13	0.68**	-0.10
亲—子生活照料(无=参照组)	0.17	1.49*	0.11	0.19	1.56*	0.12	0.11	1.47**	0.10	0.13	1.44**	0.10
亲—子看家/干农活(无=参照组)	0.16	2.65***	0.27	0.18	2.27***	0.22	0.10	3.17***	0.31	0.12	2.08***	0.20
亲—子精神慰藉(无=参照组)	0.18	0.73	-0.08	0.20	0.65*	-0.12	0.12	0.77*	-0.06	0.14	0.89	-0.03
寡居时间				0.01	1.01	0.00				0.01	1.01*	0.00
自有房产(无=参照组)				0.17	0.61**	-2.54				0.10	0.54***	-3.39
子女性别(儿女双全=参照组)												

续表

	模型1(男性)			模型2(男性)			模型1(女性)			模型2(女性)		
	S. E,	Exp (B)	Beta	S. E,	Exp (B)	Beta	S. E,	Exp (B)	Beta	S. E,	Exp (B)	Beta
有女无儿				0.27	0.52*	0.10				0.20	0.58**	0.07
有儿无女				0.22	0.77	0.30				0.15	1.06	0.39
经济来源(靠自己 = 参照组)				0.19	1.86**	0.05				0.11	1.51***	0.03
健康自评(好 = 参照组)				0.19	1.31	0.04				0.11	1.21	0.03
居住意愿(不愿同住 = 参照组)												
愿意同住				0.20	6.77***	0.07				0.12	8.23***	0.04
无所谓				0.22	2.71***	0.08				0.13	2.53***	0.05
年龄				0.01	1.00	0.04				0.01	1.00	0.03
城乡(城市 = 参照组)				0.19	0.84	0.05				0.11	1.31*	0.03
文化程度(文盲 = 参照组)				0.17	0.99	0.05				0.11	1.13	0.03
常量	0.224	0.491		1.02	0.33		0.174	0.650		0.68	0.33	
-2 LL	1 253.19			1 075.00			3 134.04			2 601.65		
Cox & Snell R^2	0.10			0.25			0.09			0.26		
Nagelkerke R^2	0.14			0.33			0.12			0.36		

注：* $P<0.05$；** $P<0.01$，*** $P<0.001$。

(1)主要自变量

①子—亲代际支持。本研究的结果显示,在不控制其他变量的情况下,子女向老人提供经济支持都会显著增加男性和女性丧偶老人与子女共同居住的可能,而子女是否倾听老年人的心里话对男女丧偶老人的居住状况都没有显著影响。对丧偶老年妇女而言,子女是否为其提供生活照料会显著提高其与子女共同居住的可能性。

在纳入了丧偶老人的人口特征及社会经济状况等相关的控制变量后,无论男女,子女是否向其提供代际支持对丧偶老人的居住安排都不再具有显著影响。

②亲—子代际支持。无论是独立还是在控制其他变量的情况下,老人向子女提供生活照料及看家、干农活都会显著提高男性和女性丧偶老人与子女共同居住的可能;男性丧偶老人向子女提供经济支持会显著提高其与子女共同居住的可能。出乎预料的是,女性丧偶老人为子女提供照看孩子不是增加而是降低了其与子女共同居住的可能;在不控制其他变量的情况下,女性丧偶老人倾听子女说心里话给予子女精神慰藉也会降低其与子女共同居住的可能,但在控制了其他变量的影响后,这一亲—子精神慰藉行为不再具有显著影响;在男性模型中则刚好相反,在不控制任何变量的情况下,子女对不对丧偶老年男性说心里话对其居住安排没有显著影响,但在控制了其他变量后,子女对父亲说心里话反而会降低彼此共住的可能。这与我们的通常认识相悖。

上述的结果说明,在子—亲代际支持普遍存在的情况下,对于老年人的居住安排而言,是否与子女同住更多是取决于子女对父母代际支持的需求,而不取决于丧偶老年人对子女代际支持的需求。这与学术界所提出的当下我国的家庭资源流向是从父母向子女倾斜的所谓“逆向流动”的观点是吻合的。

(2)控制变量

从结果可以看到,在自己或配偶名下有无房产、是否有相对独立的经济来源、丧偶老人自己的居住意愿、子女的性别状况对于丧偶老人的居住安排都具有显著的影响。具体而言：相对于自己或配偶名下没有房产的丧偶老人而言，自己名下有房产的丧偶老人更可能独立居住；相对于主要生活来源依靠家庭其他成员提供的丧偶老人而言，主要生活来源靠自己的丧偶老人更可能独立居住；愿意与子女共同居住的老人其与子女共同居住的可能也显著高于不愿意共同居住者；相对于儿女双全的丧偶老人来说，有女无儿的丧偶老人更可能独居，这与我国文化中深厚的“养儿防老”传统有关。此外，对丧偶老年妇女而言，寡居时间越长，其与子女共同居住的可能性越大。居住在农村的比居住在城市的丧偶老年妇女更可能与子女住在一起。

本研究的结果显示，在控制了其他因素的情况下，无论男女，丧偶老年人的自评健康状况、文化程度及年龄对其居住安排均不存在显著影响。

四、讨论与思考

研究结果显示，我国“养儿防老”的传统文化依然具有强大的影响力，七成以上的丧偶老人得到了子女各方面的支持，大多数子女承担了对丧偶父母经济支持、日常生活照料及精神慰藉等赡养义务。由于社会性别分工及性别歧视的原因，女性步入晚年时所积蓄的经济资源、健康资源等都逊于同龄的男性。同时，由于她们长期以来对子女的日常生活照料以及呵护关爱情感的付出远胜于身为父亲的男性，这使得丧偶老年女性比丧偶老年男性更可能获得子女各方面的代际支持。

本研究还揭示了丧偶老年人对子代的代际支持状况：有相当比例的丧偶老人在向子女提供各种支持和帮助，除了经济支持外，女性向子女提供的支持均高于男性，且同居者显著高于分居者。这一发现也印证了老年妇女更多以无酬劳动的方式向家庭成员提供帮助的事实，揭示了丧偶老年人,特别是女性老人与子女之间的代际支持并非单向的获得,只是她们的付出往往被忽视了。

本研究的结果也证实,丧偶老人的居住安排除受到其自身的经济独立性、住房条件、居住意愿以及子女的性别等因素影响外,他们与子女之间的代际支持状况对其居住安排具有显著影响。Logistic 回归的结果显示,在控制了其他变量的情况下,子女对丧偶父母的代际支持状况对丧偶老人的居住安排并不存在显著影响,但父母对子女的代际支持则对其居住安排具有显著的影响。这说明当前丧偶老人的居住安排更大程度上是取决于他们为子女提供代际支持的状况,而非他们所获得的子女给予他们的代际支持。这一发现填补了以往有关老年居住安排研究中对代际支持这一重要因素在老年居住安排影响上的研究空白,也深化和扩展了我们对老年人居住安排影响因素的解释。对这一议题的深化无疑将对制定更切合丧偶老人居住安排的社会政策、构建更为和谐的代际支持网络等具有重要的启迪作用。

由于本研究使用的是横截面的时点数据,难以就丧偶事件本身对代际支持和居住安排的影响进行测度和研究,同时由于数据的局限,模型中缺乏子女的居住状况、社会经济状况,特别是婚姻、家庭结构等信息,而已有的研究发现这些因素对于代际支持及老年人的居住安排也具有一定的影响。这也是未来的研究需要进一步改进的地方。

第九章

结论与思考

一、主要发现及政策思考

本研究通过全国人口普查及第三期中国妇女社会地位调查老年专卷的大量数据和系统的分析研究,揭示了当下我国丧偶老年群体的基本人口、经济社会特征,并对其居住安排状况及主要影响因素进行了深入探讨。

1. 有关丧偶老年群体特征的主要发现及政策思考

(1)丧偶率持续下降,但丧偶老年人口总体规模持续增长,内部差异突出

1982—2010 年,我国老年人口的丧偶率下降了 16.7 个百分点,但丧偶老年人口却增长了 1 411.9 万。据预测,2050 年我国丧偶老年人口的总体规模将增至 11 840 万人,是 2010 年的 2.5 倍。相对于有偶老人,丧偶老人的受教育程度、经济保障、健康状况、社会参与及社会支持网络等方面大多处于更为不利的境地,是一个亟待社会公共政策支持和扶助的相对弱势群

体。丧偶老人群体呈现出高度女性化和显著的高龄化特点。丧偶老人群体内部异质性值得关注。研究发现不同省区间老年人口的丧偶率、女性化程度、老龄化程度等均存在较大的差异;丧偶老人群体内部也存在显著的城乡、性别、年龄等方面的差异。这要求相关养老服务政策在制定和实施过程中需要对此给予相应的考虑。政策制定和实施应增强精准性,以提高公共财政资源的使用效率。

(2)丧偶老人群体高度女性化,相关政策亟待加强社会性别意识

丧偶老年人口具有高度女性化的特点,这是世界各国人口老龄化过程中的普遍特点和规律。几乎各国的社会文化中都普遍存在着不同程度的性别歧视现象,并且贯彻女性生命周期的各个阶段。这也意味着丧偶老年妇女的相对弱势状态是生命周期各个阶段相对弱势累积的结果,同时也是性别不公平、代际不公平、阶层不公平等多种社会不公平的叠加的表现。丧偶老年妇女问题的形成是社会历史、文化及政策制度等多种因素综合作用的结果,具有长期性、累积性、复杂性等特点。要切实改善丧偶老年妇女这一弱势群体的生存境况,要求相关的政策措施具有可以改善现实状况的赋权性,同时也要有能改变社会经济文化中长期存在的性别不平等的战略性。归结而言,就是需要相关的政策具有社会性别意识,能够对女性的不利处境给予相应的弥补和改变。

(3)经济保障独立性、稳定性差、贫困风险高,建议将遗属保险纳入社会保障体系

我国社会保障体系的逐步完善,特别是农村新型养老保险的普遍推行,极大地改善了丧偶老人经济保障状况,其经济自立能力有所提高,但相对有偶老人群体而言,丧偶老人对家庭成员的经济依赖性仍然较强。他们的实际的收入水平、重要资产(房产、土地等)的拥有率均显著偏低。这削弱了丧偶老人的经济稳定性和独立性,特别是丧偶老年妇女的经济安全风险最大,是最易陷入贫困的一个群体。

从现实的迫切需求出发,建议应该积极推动遗属保险制度的建立和完善,将其纳入社会保障体系之中,提升丧偶老人特别是丧偶老年妇女的经济安全保障系数,降低其因丧偶而陷入贫困的风险。同时由于丧偶老人的贫困率更高,政府作为养老兜底的保障,应该加大针对丧偶老人的相关服务项目的扶持和资助力度,以切实提高丧偶老人的生活品质。

(4)健康风险更大、照料潜在需求更强,精神抚慰亟待关注

无论是考察相对主观的健康自评,还是相对客观的慢性病携带情况,丧偶老人生理健康状况均差于有偶老人。他们的心理健康状况也面临更大的挑战。丧偶群体内部在健康和照料资源方面呈现出显著的城乡和性别差异。总体来说,长期生活在农村的女性丧偶老人群体健康状况相对更糟,她们在健康资源享有方面也处于相对不利的境地。目前,丧偶老年人的照料主要依靠家人提供。相对而言,城镇丧偶老人的照料需求满足情况要好于农村。这可能与农村地区大量青壮年劳动力外流有关。

建议将独居丧偶老人作为社区医疗照料资源的重点投放对象,增强对其健康管理的服务和照料支持。同时,对于丧偶老人精神抚慰方面应给予更多的关照和支持,切实提高这一群体的健康与医疗保障服务水平,延长其独立居家生活的可能,减少对机构照料的需求压力,提升丧偶老人的生活独立能力和生活品质。

(5)丧偶老人社会参与机会和空间相对狭窄,亟待拓展

绝大多数丧偶老人已经退出了社会劳动的行列,家庭和社区成为他们参与的最主要的舞台。总的来看,丧偶老人的社会劳动和公共事务管理的参与率要低于有偶老人群体。丧偶老人与社区基础管理者、邻里之间的互动也不及有偶老人活跃、频繁。如何为丧偶老人搭建更多适合其社会参与和融入的平台和机会,是未来社区养老服务应该关注的一个重要议题。

在寻求应对人口老龄化国家战略的政策蓝图中,应该充分考虑到丧偶老人特别是低龄和相对健康的丧偶老人群体在家庭和社会发展中所承担

和付出的劳动和贡献。在居家养老战略思想的指导下，通过适当的社会政策调动丧偶老人群体的主动性，对其贡献和付出给予公正客观的认可和评价。特别需要指出的是，绝大多数丧偶老年妇女依旧是家庭相关事务的主要参与者和承担者，并非只是单方面地接受其他家庭成员的供养和照料。健康、低龄的丧偶老年妇女是城市社区活动的主体，她们对促进社区的和谐发展起到了积极的推动作用。在未来的社区治理和建设中，应注重充分调动和发挥这一群体的积极能量，通过保障其参与来提升其社会融入和生活品质。

研究发现，丧偶老人往往与外界的接触交流相对较少，他们对于当地养老政策等的了解知晓率要显著低于有偶老人。如何提高政策、服务在丧偶老人群体中的知晓率，让他们有机会接触到这些支持性的服务，需要服务提供者根据社区丧偶老人的实际情况进行有针对性的设计。

健康、低龄、文化程度相对较高的丧偶老人在步入晚年后，他们对社会事务和活动参与提出了更高的要求，但目前社会在满足丧偶老人社会参与需求方面还没有给予足够的重视，适合他们参与的社会活动无论是资源还是组织引导等方面都还相对欠缺。各地基层老年组织应该积极探索如何更好地组织和引导日益庞大的低龄、健康的丧偶老人在社会公共事务管理和相关活动中发挥积极作用，为他们参与社会发展、分享社会成果提供更多的机会和空间。

2. 有关丧偶老人居住安排的主要发现及政策思考

中国对于老年人居住安排的关注点与欧美等西方国家具有较显著的差异。中国对老年人居住安排的关注点相对聚焦于老年人与子女之间的关系，而欧美则更看重老年人自身对居住环境的选择、适应等。

(1)丧偶老人独居比例大幅度攀升，社区居家养老服务应加强对这一群体的精准服务对接在过去的二十多年间，丧偶老人独居的比例大幅度攀升，同时丧偶老人的居住安排呈现出显著的城乡和性别差异。独居丧偶老人的居住意愿与现实的居住安排之间差距是最为显著的，即丧偶老人的独居更多是迫于现实的无奈，而非他们自主选择的生活方式。目前在国内相关的社会养老支持服务体系还相对薄弱和欠缺的情况下，独居的丧偶老人在日常生活、照料及精神慰藉等方面都还面临诸多的困难和挑战。对于这些独居丧偶老人的现实生活状况及其可能面临的困境，也都还有待于进一步的研究去发现、梳理并呈现给社会公众和政策制定者。

随着老年人自身社会经济条件的不断提升，在未来人口老龄化的大潮中，丧偶老人无论是出于对个人生活独立自主的诉求，还是为了避免与子代的代际矛盾冲突，都将会有越来越多的居家养老的丧偶老人独居。相对于有人陪伴的居住安排，独居丧偶老人更期待社会养老服务的支持和帮助，他们应该成为政府购买居家养老服务的主要服务对象。

2008 年国务院发布的《关于全面推进居家养老服务工作的意见》首次明确提出了以居家养老为基础、以社区为依托、机构为补充的养老战略规划。2013 年《国务院关于加快发展养老服务业的若干意见》及后续相关部委密集出台的配套文件措施，都在为更好地鼓励居家养老服务的发展搭建平台、提供支持和扶助。特别是近些年政府购买服务的大力推行，使得各地居家养老服务走上了加速发展的快车道。但就各地政府扶持发展的居家养老服务项目来看，目前开展的许多养老服务项目普遍存在老年人接受率、利用率低的情况。究其根源，还是服务项目的设计没有精准与老年人的实际需求对接，服务提供者对老年人的需求状况认识了解欠深入，没有真正找到老年人的需求“痛点”。在居家养老服务的项目设置中，应加强对丧偶老人的服务项目设置。

此外，研究揭示出丧偶老人居住安排中的显著性别差异和分化现象。这在以往的研究中是很少被人们关注的一个话题。通过社会性别的分析研究视角对于该现象的深入探究，将有助于我们更进一步认识和了解社会性别对丧偶老人居住安排的影响，也会为制定具有社会性别意识的社会养老服务政策等提供宝贵的意见和建议。

（2）智慧养老，利用物联网为丧偶独居老人建立安全监护网络

如研究所揭示的，不少丧偶独居老人虽然采取了一些应对策略，与其他非独居的丧偶老人群体相比，丧偶独居老人会更积极地与社区、邻里之间互动交往，对涉老政策的知晓情况也明显较高；但相对而言，独居丧偶老人在一些突发事件面前，其抗风险的能力却依然不容乐观。在我们的田野调查中，不少丧偶独居的老人都流露出对突然发病等事件的重度焦虑，有不少身体尚可的丧偶独居老人就是因为一场突发疾病而放弃独立生活，改与子女同住或入住养老机构。媒体时有爆出独居丧偶老人一人在家突发疾病，因缺乏及时的救治而最终丧命，甚至死亡家中数日无人知晓等人间悲剧。这样的事件在日本这样的人口老龄化高发国家已经成为突出的、亟待解决的社会问题。对此，我们建议应该在当前的居家养老服务中，特别设置针对丧偶独居老人的安全监护网络，通过对一些高危的独居老人家中安装相应的体感探测装置等，及时监控和发现他们的异常生活状况，尽可能减少极端的悲剧事件发生。

（3）公共政策和城市住房规划等应以支持和鼓励代际交流为指导，增强家庭代际交流的便捷性

尊老爱幼是中华民族的传统美德，通过对丧偶老人居住安排与代际关系的研究显示，我国“孝亲”的传统文化依然具有强大的影响力，丧偶老人比有偶老人与子女之间的代际交往更密切，他们更可能获得子女各方面的代际支持。研究也揭示了丧偶老年人，特别是女性老人与子女之间的代际支持并非单向的获得，只是她们的付出往往被忽视了。

丧偶老人的居住安排除受到其自身的经济独立性、住房条件、居住意愿以及子女的性别等因素影响外，本研究的结果也证实，他们与子女之间

的代际支持状况对其居住安排具有显著影响。Logistic 回归的结果显示，在控制了其他变量的情况下，子女对丧偶父母的代际支持状况对丧偶老人的居住安排并不存在显著影响，但父母对子女的代际支持则对其居住安排具有显著的影响。这说明，当前丧偶老人的居住安排更大程度上是取决于他们为子女提供代际支持的状况，而非他们所获得的子女给予他们的代际支持。这一发现填补了以往有关老年居住安排研究中对代际支持这一重要因素在老年居住安排影响上的研究空白，也深化和扩展了我们对老年居住安排影响因素的了解。对这一认识的深化无疑将对制定更切合丧偶老人居住安排的社会政策、构建更为和谐的代际支持网络等具有重要的支持。

在应对人口老龄化的国家战略中，应该切实加强对传统孝亲文化的维护，在公共政策、城市住房规划等方面切实采取有效的措施。如承担养老责任的人员减免个人所得税，将重阳节设置为法定探亲假，对丧偶老人与子女随迁落户等给予相应的政策支持，对承担养老照料责任的子女在税收、房屋购置等方面给予相应的鼓励和支持。增进父母与子女沟通交流的便捷性，切实鼓励代际共融和互动，以营造一个更为和谐、共享的社会养老文化环境。

二、研究的不足

每一个研究都具有自己的局限性和遗憾。回顾 3 年多的研究历程，以及对现有研究报告的重新审视，我们总结了以下几个研究上的不足，也是值得进一步去探寻的新的研究议题。

第一，限于数据资料可得性，本研究对于丧偶老人相关群体特征的分析研究仅限于一些描述性的成果，缺乏对其产生原因进行更进一步的探究。如不同省区市老年人丧偶率特别是分性别丧偶率的差异、丧偶老人的女性化和老龄化程度的差异等，还缺乏深度的原因挖掘。而对这些现象背后原因的深度探究,需要有翔实的分省区死亡人口的相关数据信息,以及对各地区婚育文化特别是对丧偶人群的一些社会风俗、文化传统的方面的深入了解作为支撑,并且可以从跨学科的不同视角对此现象进行多视角的探讨。

第二,定量分析数据采集的局限。本研究主要是利用横截面的数据对丧偶老人的居住安排进行了一个相对静态的分析研究。而无论是老年人对丧偶这一事件的适应,还是居住安排的调试变动,这都是一个长期和动态的过程,更适宜使用追踪性的数据来进行研究。在未来的研究中可以利用追踪数据更好地将丧偶事件对老年居住安排的变动情况刻画出来,深化对此问题的了解。同时,丧偶老人的居住安排,从理论上是一个家庭的决策过程,老年人和子女是相互协商的双方。虽然使用到了代际双向的支持数据,但本研究更多关注于老年人,对子女方面的诉求关注有所不足。希望在今后的研究中能够使得老年人与子女双方更相互对称和匹配,以进一步加深对这一问题的认识。

第三,定量数据与定性资料的结合不够。虽然课题组在北京、四川和江苏等省市对近40位丧偶和有偶老人及其子女进行了深度访谈,但由于定量分析占去了研究的大部分精力,故对于定性资料的深度开发显得很不足。两种研究资料如何更好地融合也是一直考验着国内诸多研究人员的一个共同性的问题。定性分析研究往往生动但缺乏代表性,故在实际的报告中,为了使得相关研究结论和发现的代表性更强而不得不舍弃了许多鲜活的案例。

参考文献

[1] Administration on Aging. *Profile of older Americans*:1999. Washington, DC,1999.

[2] Beverly R, Williams, Patricia Sawyer & Richard M. Allman, 2012. Wearing the Garment of Widowhood: Variations in Time Since Spousal Loss Among Community – Dwelling Older Adults[J]. *Journal of Women and Aging*, (24): 126 – 139.

[3] Browne, C. V. ,1998. *Women Feminsit, and aging*. New York: Springer.

[4] Calasanti, T. , and Slevin, K. 2001. *Gender, social inequalities and aging*. Walnut Creek, CA: Altima Press.

[5] Calasanti, T. ,and Anna, M, Zajicek. ,1993. A socialist – Feminist Aporoach to Aging: Embracing Diversity [J]. *Jouranl of Aging Studies*, 7 (2): 117 – 131.

[6] Calasanti, T. ,2004. Feminist gerontology and men. [J]. *Journals of Gerontology Series B: Psychological Sciences and Social Sciences*. 59 B (6): S305 – S314.

[7] Estes, Carroll L. u. a. 2001. *Social policy and aging: a critical perspective*. Thousand Oaks, CA: Sage.

[8] Markson, B., 1999. Communities of resistance: Older women in a gendered world. [J]. *The Gerontologist*, 39:496 - 497.

[9] McMullin, Julie., 2000. Diversity and the State of Sociological Aging Theroy [J]. *The gerontologist*, 40(5):517 - 530.

[10] Moen, P. 2001. Gender, age and the life course. In R. H. Binstock and L. K. Geroge (Eds.) *Handbook of aging and the social science* (5th ed.) San Diego, CA: Academic Press.

[11] Cicirelli, V. G. 2002. Older adults's view on death. New York: Springer Publisher.

[12] Furman, F. K., 1997. *Facing the Mirror: Older Women and Beauty Shop Culture*. New York: Rutledge Press.

[13] Kinsel, B., 2005. Resilience as Adaptation in Older Women [J]. *Journal of Women & Aging*, 17(3).

[14] Ramsey, J., and Blieszner, R., 1999. *Spiritual Resilience in Older Women*. London: Sage Publications.

[15] Cobb, Sidney, 1976. Social Support as a Moderator of Life Stress [J]. *Psychosomatic Medicine*, (38):300 - 314.

[16] Hall A., Wellman B. 1985. Social networks and social support [A]. In S. Cohen & S. L. Syme, *Social Support and Health*, Orlando: Academic Press, 23 - 41.

[17] Helgeson, V. S. 2003. Social support and quality of life [J]. *Quality of Life Research*, (12):25 - 31.

[18] Hermalin, A. I. et al. 1996. Types of support for the Aged and Their Providers in Taiwan. In Tamara K. Hareven (Eds.), *Aging and Generational*

Relations Over the life Course. New York: Walter de Grayter.

[19] Garner, J. D. , 1999. *Fundermentals of Feminist Gerontology.* New York: Haworth Press.

[20] Hooymam Nancy R. , and N. Asuman Kiyak, 1999. *Social Gerontology: A Mulitidisciplinary Perspective.* Boston: Allyn and Bacon.

[21] Lynott, R. J. , and Patricia P. Lynott, 1996. Tracing the course of theoretical Development in the sociology of aging[J]. *The gerontologist*, 36(6): 684 – 694.

[22] Nieboer, Lindenberg, and Siegwart Ormel, 2005. How to understand and improve older people's self – management of wellbeing[J]. *European Journal of Ageing*, 2(4).

[23] Knodel, J. 2005. Older women in Thailand: Are they really worse off than the men? pp156, In Kalyani Mehta edt. *Untapped resources: women in ageing societies across Asia* (Second edition). Singapore: Marshall Cavendish Academic.

[24] Idler, E. Hudson S. , and Leventhal H. 1999. The Meanings of Self – ratings of Health: A Qualitative and Quantitative Approach [J]. *Research on Aging*, 21: 458 – 476.

[25] Idler, E. L. and Yael. Benyamini, 1997. Self – related health and mortality: A review of twenty – seven community studies [J]. *Journal of Health and Social Behavior*, 38(00): 21 – 37.

[26] John R Logan, Fuqin Bian. 1999. Family Values and Coresi – dence with Married Children in Urban China[J]. *Social Forces*, 77(4) : 1253 – 1282.

[27] Judith C. Hays, 2002. Living Arrangements and Health Status in Later Life: A Review of Recent Literature [J]. *Public Health Nursing*, Vol. 19 No. 2. pp. 136 – 151.

[28] Lewin, K. 1951. Field theory in social science. In D. Cartwright (Ed.), *Selected theoretical papers*. New York: Harper & Brothers.

[29] Litwin H. 1998. Social network type and health status in a national sample of elderly Israelis [J]. *Social Medicine*, (46):599 - 609.

[30] Lopata, Helena Znaniecka. 1979. *Women as widows: Support systems*. New York: Elsevier.

[31] Maddox GL., Douglass EB, 1973. Self - assessment of health: A longitudinal study of elderly subjects [J]. *Journal of Health and Social Behavior*, 14(1):87 - 93.

[32] Martikainen, P., and Valkonen, T. 1996. Mortality After Death of Spouse in Relation to Duration of Bereveamentin Finland [J]. *Journal of Epidemiology and Community Health*, 50:264 - 268.

[33] Mclaughlin, D. K., and Jensen, L. 2000. Work history and U. S. elders' transitions into poverty [J]. *The gerontologist*, 40:469 - 479.

[34] Merril Silverstein, Zhen Cong, Shuzhuo Li. 2006. Intergenera - tional Transfers and Living Arrangements of Older People in Rural China: Consequences for Psychological Well - being [J]. *The Journals of Gerontology Series B: Psychological Sciences and Social Sciences*, 61(5): 256 - 265.

[35] Glenn, Evelyn Nakano, 1999. The Social Construction and Institutionalization of Gender and Race: An Intergrative Framework. pp. 3 - 43 in *Revsioning Gender*, ed. Myra Marx Ferree, Judith Lorber, and Beth B. Hess. Thousand Oaks, Calif.: Sage Publication.

[36] N Krause, J Liang, S Gu. 1983. Financial strain, received support, anticipated support and depressive symptoms in the People's Republic of China [J]. *Psychology & Aging*, 13(1):58 - 68.

[37] N Krause. 1987. Satisfaction with social support and self - rated

health in older adults [J]. *The Gerontologist*, 27(3):301 -308.

[38]Narasimhan, Sakuntala. 1990. *Sati*: *Widow burning in India*. New York: Anchor.

[39] O'Bryant, S. L., and Hansson, R. O. 1995. Widowhood. In R. Blieszner and V. H. Bedford (Eds.), *Handbook of aging and the family*. Westport, CT: Greenwood Press, Olesen, 2003.

[40]Owen, Margaret. 1996. *A world of widows*. Atlantic Highlands, N. J.: Zed.

[41]Philip N Cohen, Lynne M Casper. 2002. In Whose Home? Multigenerational Families in the United States, 1998 - 2000[J]. *Sociological Perspectives*, 45(1): 1 -20.

[42]Potash, Betty. 1986. *Widows in African societies*: *Choices and constraints*. Stanford, Calif.: Stanford University Press.

[43]Raveis, V. H. 1999. Facilitation older spouse's adjustment to widowhood: A preventive intervention program [J]. *Social Work in Health Care*, 29: 13 -32.

[44] Rogers, R. G. 1996. The Effects of Family Composition, Health, and Social Support Linkages on Mortality [J]. *Journal of Health and Social Behavior*, (37): 326 -338.

[45]S. Cohen and T. Wills. 1985. Stress, Social Support, and the Buffering Hypothesis [J]. *Psychological Bulletin*, (98):310 -357.

[46]Scafato, E., Galluzzo, L., Gandin, C., Ghirini, S., Baldereschi, M., Capurso, A., Maggi, S., and Farchi, G., 2008. Martial and Cohabitation Status as Predictor of Mortality: A 10 - year Follow - up of an Ltalian Elder Cohort. [J]*Social Science & Medicine*, 67:1456 -1464.

[47] Simon - Rusinowitz, L., Wilson, L., Marks, L., Kroch, C., and

Welch, C. 1998. Future work and retirement needs: Policy experts and baby boomers express their view. [J]. *Generations*, *Spring*, 22:34 - 40.

[48] Stephen Kidd (2009): Equal pensions, equal rights: achieving universal pension coverage for older women and men in developing countries, [J]. *Gender & Development*, 17:3, 377 - 388.

[49] Turner, R J and Noh, S. 1983. Class and psychological vulnerability among women: the significance of social support and personal control [J]. *Journal of Health & Social Hehavior.* 24(1):2 - 15.

[50] Wilcox V., Kasl S., and Idler E. 1996. Self - rated Health and Physical Disability in Elderly Survivors of a Major Medical Event [J]. *Journals of Gerontology: Social Sciences.* 51 B: 96 - 103.

[51] Brown, J. W., Liang, J., Krause, N., Akiyama, H., Sugisawa, H., and Fukaya, T. 2002. Transitions in living arrangements among elders in Japan: Does health make a difference [J]. Journal of Gerontology: Social Sciences 57: S209 - 220.

[52] Logan, J. R, BianF. and Bian, Y. 1998. Tradition and Change in the Urban Chinese Family: the Case ofLiving Arrangements, Social Forces, 76(3): 851 - 882.

[53] Martin, LG. 1989. Living arrangements of the elderly in Fiji, Korea, Malaysia, and the Philippines. Demography 26:627 - 643.

[54] Laplante, M. P., Kaye, H. S., Kang, T., & Harrington, C. Unmet need for personal assistance services: estimating the shortfall in hours of help and adverse consequences[J]. The Journal of Gerontology, 2004(2):98 - 108.

[55] Spitzc, G., Longan, J. R., & Robinson, J, family structure and changes in living arrangements among elderly non - married parents[J]. Journal of Ucrontology, 1992(6) :289 - 296.

[56] Jackson, D. J., Longino, C. F., Gimmcrman, R. S., & Bradsher, J. E. 1991. Environmental adjustments to declining functional ability; Residental mobility and living arrangements[J]. *Research on Aging*, (3):289 - 309.

[57] Hays, J. C., & George, L. K. 2002. The life course trajectory toward living alone: Racial differences[J]. *Research on Aging*, (3):283 - 307.

[58] Pendry, F., Barrctt, G., & Victor, C., 1999. Changes in household composition among the over sixties: a longitudinal anal - Ysis of the health and lifestyles surveys[J]. *Health and Social Care in the community*, (2):109 - 119.

[59] Iliffc, S., Thai, S. S., Haines, A., Gallivan, S., Goldcnberg, E., Booroff, A., et al., 1992. Are elderly people living lone an at risk group? [J]. *British Medical Journa*, (2):1001 - 1004.

[60] Choi, N. G., 1996. The never - married and divorced elderly; Comparison of economic and health status, social support and living arrangement[J]. *Journal of Gerontological Social Work*, (26):3 - 25.

[61][美]邓津,[美]林肯主编,风笑天等译,2007. 定性研究:方法论基础[M]. 重庆:重庆大学出版社.

[62][清]孙希旦,1989. 礼记集解[M]. 北京:中华书局.

[63][日]上野千鹤子著,杨明绮译. 一个人的老后[M]. 广西:广西科学技术出版社有限公司.

[64]曾宪新,2011. 居住方式及其意愿对老年人生活满意度的影响研究[J]. 人口与经济,(5).

[65]曾毅,王正联,2004. 中国家庭与老人居住安排的变化[J]. 中国人口科学,(5).

[66]曾毅等著,2010. 老年人口家庭、健康与照料需求成本研究[M]. 北京:科学出版社.

[67]陈华帅,魏强,2009. 婚姻对老年健康与存活影响的经济学理论研

究[J]. 中国卫生经济,(10).

[68]陈立新,陈功,郑晓瑛,2008. 北京城市丧偶老人抑郁症状及影响因素分析[J]. 中国老年学杂志,(4).

[69]陈铭卿,1986. 对家庭结构类型的探讨[J]. 社会学研究,(6).

[70]程翔宇,2016. 居住安排与老年人生活质量——基于 CLHLS 数据的实证研究[J]. 社会保障研究,(1).

[71]党俊武,周燕珉主编,2016. 老龄蓝皮书——中国老年宜居环境发展报告(2015)[M],北京:社会科学文献出版社.

[72]杜鹏,1998. 北京市老年人居住方式的变化[J]. 中国人口科学,(2).

[73]杨恩艳,裴劲松,马光荣,2012. 中国农村老年人居住安排影响因素的实证分析[J]. 农业经济问题,(1).

[74]费孝通,1982. 论中国家庭结构的变动[J]. 天津社会科学,(3).

[75]费孝通,1985. 家庭结构变动中的老年赡养问题. 载香港中文大学社会科学院暨研究所. 现代化与中国文化研讨会论文汇编.

[76]冯喜良,周明明主编. 北京居家养老发展报告[M]. 北京:社会科学文献出版社.

[77]龚秀全,2016. 居住安排与社会支持对老年人医疗服务利用的影响研究——以上海为例[J]. 南方经济,(1).

[78]谷琳,杜鹏,2007. 我国老年人健康自评的差异性分析——基于 2002 年和 2005 年全国老年跟踪调查数据[J]. 南方人口,(2).

[79]顾大男,2003. 婚姻对中国高龄老人健康长寿影响的性别差异分析[J]. 中国人口科学,(3).

[80]桂全林,王素芬,兰勇,2010. 四川省农村丧偶老人抑郁症状及其影响因素的调查分析[J]. 临床和实验医学杂志,(13).

[81]贺雪峰,2009. 农村代际关系论: 兼论代际关系的价值基础[J].

社会科学研究,(5).

[82]黄庆波,2014. 中国老年人的婚姻与死亡风险的研究[J]. 老龄科学研究,(11).

[83]贾云竹,2007. 中国老年妇女的经济地位状况分析[J]. 浙江学刊,(1).

[84]贾云竹,2008. 老年人健康状况及家庭照料资源的社会性别分析[J]. 浙江学刊,(1).

[85]贾云竹,2012. 老年妇女的社会地位[A]. 载宋秀岩,甄砚主编. 新时期中国妇女社会地位调查研究(下卷):650.

[86]贾云竹,2016. 老年妇女研究综述(2005—2010). 载中国妇女研究年鉴(2005—2010)[M]. 北京:社会科学文献出版社.

[87]姜秀花,2013. 妇女健康与妇女地位[A]. 载宋秀岩,甄砚主编. 新时期中国妇女社会地位调查研究(上卷):30.

[88]蒋永萍,2003. 关注劳动力市场中的性别平等——"中国妇女就业论坛"综述[J]. 妇女研究论丛,(2).

[89]焦开山,2010. 中国老人丧偶与其死亡风险的关系分析——配偶照顾的作用[J]. 人口研究,(3).

[90]焦开山,2013. 中国老年人的居住方式与其婚姻状况的关系分析[J]. 人口学刊,(1).

[91]焦开山,2014. 老年人的健康状况与其居住安排的关系研究[J]. 医学与哲学(A),(7).

[92]李斌,2010. 分化与特色:中国老年人的居住安排——对 692 位老人的调查[J]. 中国人口科学,(2).

[93]李春华,李建新,2015. 居住安排变化对老年人死亡风险的影响[J]. 人口学刊,(3).

[94]李建新,2007. 老年人生活质量与社会支持的关系研究[J]. 人口

研究,(3).

[95]栗志强,2007. 城市化背景下丧偶老人抚慰机制的解构与重建[J]. 社会工作,(6).

[96]林娟芬,2007. 妇女晚年丧偶后的适应/一个以台湾地区为例叙说分析[M]. 世纪出版集团,上海人民出版社.

[97]林明鲜,刘永策,赵瑞芳,2008. 烟台市老人的居住安排与养老方式的变迁[J]. 中国老年学杂志,(22).

[98]林湘华,2007. 大城市丧偶老人群体状况分析[J]. 南方人口,(4).

[99]刘德增,1992. 古代中国的养老与敬老[J]. 民俗研究,(1).

[100]刘爽,2010. 中国的出生性别比与性别偏好[M]. 北京:社会科学文献出版社.

[101]刘向红,方向华等,2002. 北京市城乡老年人的健康状况及对生存的影响[J]. 中国老年学杂志,(11).

[102]刘彦喆,王晶,2011. 性别视角下的农村丧偶独居老人生存状态研究——以吉林省东丰县某村为例[J]. 南京人口管理干部学院学报,(2).

[103]刘增德. 1992. 古代中国的养老与敬老[J]. 民俗研究,(1).

[104]吕如敏,宫权,赵瑞芳. 2013. 城市老年居住安排对代际经济流动的影响研究——基于倾向值匹配方法[J]. 荆楚学刊,(6).

[105]马春华,2012. 变动中的东亚家庭结构比较研究[J]. 学术研究,(9).

[106]马春华等,2011. 中国城市家庭变迁的趋势和最新发现[J]. 社会学研究,(2).

[107]马春华等著,2012. 转型期中国城市家庭变迁[M]. 北京:中国社科文献出版社.

[108]马金,1998. 浅析我国丧偶老人再婚问题[J]. 南方人口,(1).

[109]马瀛通,2009. 人口性别结构. 载路遇,翟振武主编. 新中国人口六十年[M]. 北京:中国人口出版社.

[110]马有才,沈崇麟,1986. 我国城市家庭结构类型变迁[J]. 社会学研究,(2).

[111]米峙,2011. 丧偶事件对老年人的影响[J]. 老年医学杂志,(11).

[112]穆滢潭,原新,2016. 居住安排对居家老年人精神健康的影响——基于文化情境与年龄的调解效应[J]. 南方人口,(1).

[113]裴晓梅,2006. 劣势积累与制度公平[J]. 妇女研究论丛,(2).

[114]彭希哲,2003. 社会政策与性别平等——以对中国养老金制度的分析为例[J]. 妇女研究论丛,(2).

[115]彭希哲等,2014. 中国家庭模式变迁的现状及趋势. 载第六次人口普查研究论文集[A]. 北京:中国统计出版社.

[116]齐明珠著,2004. 老年人口迁移、保障的理论与实证分析——中加老年人省际迁移的比较研究[M]. 北京:中国人口出版社.

[117]曲嘉瑶,杜鹏,2014. 中国城镇老年人的居住意愿对空巢居住的影响[J]. 人口与发展,(2).

[118]曲嘉瑶,孙陆军,2011. 中国老年人的居住安排与变化:2000 ~ 2006[J]. 人口学刊(2).

[119]曲嘉瑶,伍小兰,2013. 中国老年人的居住方式与居住意愿[J]. 老龄科学研究,(2).

[120]任强,唐启明,2014. 中国老年人的居住安排与情感健康研究[J]. 中国人口科学,(4).

[121]沈可,2010. 养老保险的普及是否导致城镇独居老人的增加?[J]. 南方经济,(6).

[122]世界卫生组织．妇女的健康:增进健康 造福世界．选自顾宝昌主编,1996. 生殖健康与计划生育国际观点与动向[M]. 北京:中国人口出版社．

[123]宋健,2001. 老年丧偶妇女的养老问题及其前瞻[J]. 人口研究,(5).

[124]宋璐,李树茁,张文娟,2006. 代际支持对农村老年人健康自评的影响研究[J]. 中国老年学杂志,(11).

[125]谭琳,贾云竹,2013. 2000—2010 年中国老年妇女的状况变化及主要特征[J]. 老龄科学研究,(2).

[126]谭琳,贾云竹等著,2014. 老年妇女问题研究[M]. 北京:中国华龄出版社．

[127]唐天源,余佳,2016. 我国老年人居住安排状况分析——基于2012 年中国家庭追踪调查数据[J]. 南方人口,(4).

[128]王广州,戈艳霞,2013. 中国老年人口丧偶状况及未来发展趋势研究[J]. 老龄科学研究,(1).

[129]王莉莉,2011. 女性丧偶老年人的养老保障状况分析[J]. 南方人口,(2).

[130]王萍,李树茁,2007. 中国农村老人与子女同住的变动研究[J]. 人口学刊,(5).

[131]王萍,连亚伟,李树茁,2016. 居住安排对农村老人认知功能的影响——12 年跟踪研究[J]. 人口学刊,(5).

[132]王萍,左冬梅,2007. 劳动力外流背景下中国农村老人居住安排的纵向分析[J]. 中国农村经济,(6).

[133]王跃生,2014. 中国城乡家庭结构最新变动、特征和影响因素分析．载第六次人口普查研究论文集[A]. 北京:中国统计出版社．

[134]王跃生,伍海霞,2011. 当代农村代际关系研究——冀东村庄的

考察[M]. 北京:中国社会科学出版社.

[135]王跃生,2014. 中国城乡老年人居住的家庭类型研究——基于第六次人口普查数据的分析[J]. 中国人口科学,(1).

[136]邬沧萍,杜鹏等著. 中国人口老龄化:变化与挑战[M]. 北京:中国人口出版社.

[137]吴翠萍,2011. 影响城市居民未来养老意愿的因素分析[J]. 中国老年学杂志,(12).

[138]熊秉纯,2001. 质性研究方法刍议:来自社会性别视角的探索[J]. 社会学研究,(5).

[139]熊跃根,1998. 中国城市家庭的代际关系与老人照顾[J]. 中国人口科学,(6).

[140]徐洁,李树茁,2014. 生命历程视角下女性老年人健康劣势及累积机制分析[J]. 西安交通大学学报(社会科学版),(4).

[141]徐勤,1995. 我国老年人口的正式与非正式社会支持[J]. 人口研究,(5).

[142]许海风,2013. 中国城市老年人居住安排的影响因素分析[J]. 经济研究导刊,(4).

[143]鄢盛明,陈皆明,杨善华,2001. 居住安排对子女赡养行为的影响[J]. 中国社会科学,(1).

[144]阎云翔,2006. 私人生活的变革:一个中国村庄里的爱情、家庭与亲密关系[M]. 上海:上海书店出版社.

[145]杨菊华,2011. 人口转变与老年贫困[M]. 北京:中国人民大学出版社.

[146]杨菊华,李路路,2009. 代际互动与家庭凝聚力——东亚国家和地区比较研究[J]. 社会学研究,(3).

[147]杨菊华,谢永飞,2013. 累计劣势与老年人经济安全的性别差异:

一个生命历程视角的分析[J]. 妇女研究论丛,(4).

[148]杨胜慧,郭未,陈卫,2012. 中国老年人口的自理预期寿命变动——社会性别视角下的差异分析[J]. 南方人口,(4).

[149]叶菲菲,宁满秀,2013. 居住安排模式对农村老人心理健康的影响分析——以福建省为例[J]. 福建行政学院学报,(6).

[150]袁秀华. 1991. 丧偶老人心理护理的体会[J]. 海军医学,(4).

[151]张红霞,2014. 社会性别视角下农村老年人再婚的性别差异分析——基于河北省农村地区的调查[J]. 社会福利(理论版),(4).

[152]张桔,2004. 性别视角下老年人家庭照顾的城乡差异[J]. 中南民族大学学报,(2).

[153]张立龙,2015. 居住安排对老年人孤独感的影响[J]. 老龄科学研究,(2).

[154]张丽萍,2012. 老年人口居住安排与居住意愿研究[J]. 人口学刊,(6).

[155]张莉,2015. 中国高龄老人的居住安排、代际关系和主观幸福感——基于对 CLHLS 数据的分析[J]. 国家行政学院学报,(5).

[156]张淑芳,2016. 城乡老年人居住安排的健康差异研究——基于 CHARLS 2013 年基线追踪调查数据的分析[J]. 老龄科学研究,(5).

[157]张文娟, 李树茁,2004. 劳动力外流背景下的农村老人居住安排影响因素研究[J]. 中国人口科学,(1).

[158]张文娟,2010. 中国老年人的劳动参与状况及影响因素研究[J]. 人口与经济,(1).

[159]张文娟,李树茁,2005. 子女的代际支持行为对农村老年人生活满意度的影响研究[J]. 人口研究,(5).

[160]张旭等,2013. 社会支持因素对城市老年人健康自评的影响[J]. 南京人口管理干部学院学报,(1).

[161]张震,2001. 中国高龄老人居住方式的影响因素研究[J]. 中国人口科学(S1).

[162]赵忻怡,潘锦棠,2014. 城市女性丧偶老人社会活动参与和抑郁状况的关系[J]. 妇女研究论丛,(2).

[163]郑真真,2001. 中国高龄老人丧偶和再婚的性别分析[J]. 人口研究,(5).

[164]中华人民共和国国家统计局,2016. 中华人民共和国 2015 年国民经济和社会发展统计公报.

[165]周建芳,2015. 丧偶对农村老年人口的健康影响研究[J]. 人口与发展,(4).

附录　第三期中国妇女社会地位调查问卷老年专卷

区县编码：□□□□□　　表　　号：中妇社调001号

制表机关：全　国　妇　联

家庭户编码：□□□□□　　批准机关：国 家 统 计 局

批准文号：国统制〔2010〕124号

有效期至：2011年4月30日

您好！我是全国妇联和国家统计局委托的调查员，正在进行一项关于我国妇女社会地位的调查。这项调查对党和国家制定相关的社会政策具有重要作用。依据随机抽样方法，选中了您进行调查。您的回答只要符合您的真实想法和实际情况就可以了，无所谓对错。我们将严格按照法律的有关规定对您的个人和家庭信息保密，请您放心回答。调查会占用您一些时间，希望得到您的支持。谢谢！

全国妇联　国家统计局

2010年12月

访问开始时间：____月____日____时____分

请告诉我您个人的一些基本情况：

NA1 您的性别：请调查员直接填写　NA1 □

1. 男　　2. 女

NA2 您的出生年月：19____年____月　NA2 □□□□□

NA3 您的出生地当时是：　NA3 □

1. 村　2. 镇　3. 县城（包括县级市）　4. 城市（地级市及以上）

5. 其他（请注明）________

NA4 a. 您的户口性质是否发生过变化？ NA4 a□

0. 没有变化跳问 NA5　1. 农转非/居民户口

2. 非转农　3. 其他(请注明)__________

b. 变化的原因是： NA4 b□

1. 升学/参军/招工　2. 结婚随迁　3. 政府征地/村改居

4. 户籍制度改革　5. 其他(请注明)__________

NA5 您的民族：________族 用文字据情填写,编码见“民族代码表”

NA5□□

NA6 您的受教育程度是： NA6□□

1. 不识字或识字很少　2. 小学/私塾　3. 初中　4. 高中

5. 中专/中技　6. 大学专科　7. 大学本科　8. 研究生

9. 其他(请注明)__________　(不读)不清楚

NA7 a. 您的政治面貌是： NA7 a□

1. 群众跳问 NC1 a　2. 共产党员　3. 民主党派

b. 是哪年加入的？________年　(不读)记不清

NA7 b□□□□□

下面的问题与您的工作和职业经历有关：

NC1 a. 目前您是否从事有收入的工作/劳动？ NC1 a□

1. 否→b. 您是属于： NC1 b□

　1. 离/退休

　2. 年纪大了,不干了

　3. 因病残等丧失工作/劳动能力跳问 NC6 a

　4. 一直/长期在家料理家务追问 NC1 f

　5. 其他(请注明)__________

2. 是→c. 您是属于离/退休后继续就业吗？ NC1 c□

　0. 否　1. 是

　d. 您工作/劳动的主要目的是：按重要程度排序选两项

　0. 维持生活　1. 在经济上独立　2. 赚更多的钱

3. 为社会做贡献　　4. 发挥自己的才能　　5. 充实自己的生活

6. 其他(请注明)____　　7.(不读)说不清　　8.(不读)不回答

首先______　　其次______　　NC1 d1□ NC1 d2□

e. 您目前的职业是:(如果有两个以上职业,请告诉我最重要的一个)______________________

__ 用文字据情填写,编码见"职业代码表"　　NC1 e□□□

NC1 f. 问一直/长期料理家务者您长期未从事有收入工作/劳动是由于以下原因吗?

	否	是	(不读)不适用	NC1 e	
A 年轻时孩子多,家务负担重	0	1	7	A	
B 家里有老人/病人需要照顾	0	1	7	B	
C 自己身体不好,不能出去工作	0	1	7	C	
D 不想出去工作	0	1	7	D	
E 配偶不支持	0	1	7	E	
F 自己文化水平低	0	1	7	F	

一直/长期料理家务者跳问 NC6 a

NC2 问离退休/退出生产劳动者您离/退休/退出生产劳动前的职业是:(如果有两个以上职业,请告诉我最主要的一个)

__________ 用文字据情填写,编码见"职业代码表"　　NC2□□□

NC3 您目前/离/退休/退出生产劳动前所在单位/所从事工作的主要业务或主要产品是:

__________ 用文字据情填写,编码见"行业代码表"　　NC3□□□

(不读)不知道

主要从事农林牧渔劳动的农业户口者(含村改居者)跳问 NC6 a

NC4 a. 您目前/最后的就业身份是:　　NC4 a□

1. 雇员/工薪劳动者　　2. 雇主

3. 自营劳动者**跳问 NC5 a**　　4. 家庭帮工**跳问 NC5 a**

b. 您所在单位的类型是：　　NC4 b □

0. 党政机关/人民团体**跳问 NC4 d**　　1. 社会团体　　2. 事业单位

3. 企业　　4. 民办非企业　　5. 个体工商户**跳问 NC5 a**

6. 其他(请注明)__________　　7. (不读)不清楚

c. 您所在单位的所有制性质是：　　NC4 c □□

1. 国有(含国有控股)→ d. 您是正式员工/在编人员吗？　　NC4 d □

0. 否　　1. 是

2. 城镇集体　　3. 农村集体　　4. 私营/个体

5. 港澳台投资　　6. 外商投资　　7. 其他(请注明)__________

(不读)不清楚

e. 您在单位中所处的位置是：　　NC4 e □

1. 单位负责人/高层管理人员　　2. 中层管理人员　　3. 基层管理人员

4. 普通职工/职员　　5. 其他(请注明)________

NC5 a. 您开始工作/劳动时的年龄是：______周岁　　NC5 a □□

一直在劳动的跳问 NC5 d

b. 您离/退休/退出生产劳动时的年龄是：____周岁　　NC5 b □□

c. **问离/退休者**离/退休时您的工龄总共有多少年：____ 年

NC5 c □□

(不读)记不清

d. 从开始工作/务农到现在/离退休/退出生产劳动前，您是否有过半年及以上不工作也没劳动收入的情况？　　NC5 d □

0. 没有**跳问 NC6 a**

1. 有过→e. 最长一次的时间为______年____ 月 **编码时折合成月**

NC5 e □□□

f. 主要原因是:见答题板 NC5 f□□

1. 结婚生育/照顾孩子 2. 照顾老人/病人 3. 支持配偶发展

4. 自己生病/身体不好 5. 求学(包括学技术/技能等)

6. 失业/单位兼并重组/破产倒闭 7. 承包土地被征用

8. 自己不想干了 9. 其他(请注明)__________

NC6 至 NC7 问农业户口者(含村改居者)

NC6 a. 您目前是否有自己名下的土地? NC6 a□

0. 没有→b. 属于以下哪种情况: NC6 b□

1. 从未分到过 2. 结婚/再婚后失去 3. 离婚/丧偶后失去

4. 征用/流转/入股等→c. 您是否获得了相应的补偿或收益?

NC6 c□

0. 否 1. 是

5. 其他(请注明)________________

1. 有→d. 您能获得相关的收益吗? 0. 不能 1. 能 NC6 d□

(不读)不知道

NC7 a. 今年您从事农林牧渔生产活动的时间大约有______个月

NC7 a□□

b. 问未从事者您有多长时间不从事这类劳动了? ____年____月

跳问 NC8 编码时折合成月

(不读)从未干过 NC7 b□□□

c. 您现在是家里农业生产活动的主要劳动力吗? NC7 c□

0. 不是 1. 是 (不读)不好说

d. 您的劳动负担重吗? NC7 d□

1. 很重 2. 比较重 3. 不太重 4. 不重

NC8 您最主要的生活来源是:按重要程度排序选两项,见答题板

1. 自己的离休金、退休金、养老金 2. 自己劳动或工作所得 3. 配偶的收入

4. 其他家庭成员的资助　　5. 政府/社团的补贴/资助

6. 以前的积蓄　　7. 房屋、土地等租赁收入

8. 其他(请注明)______　　9.(不读)不回答

首先______　其次______　　NC81□　NC82□

NC9 a. 去年您个人的总收入是:______________________________元没有收入填0,跳问NC9 d

(不读)大于等于9 999 996元　　NC9 a□□□□□□□

(不读)说不清

b. 您的收入在家庭的总收入中占几成? ____ 成　(不读)不清楚

NC9 b□□

c. 您的收入主要由谁支配?　　N C9 c□

1. 完全由自己支配　　2. 大部分交给配偶,由配偶支配

3. 和配偶的放在一起共同使用　　4. 由子女掌握/支配

5. 其他(请注明)________

d. 问目前有配偶者去年您配偶的个人总收入大约为:____________元

(不读)大于等于9 999 996元　　NC9 d□□□□□□□

(不读)不清楚

下面的问题与您的社会保障状况有关:

ND1 a. 您是否有社会养老保障?　　ND1 a□

0. 没有→ b. 主要原因是:见答题板　　ND1 b□

0. 自己有养老钱,不需要　　1. 靠子女赡养,不需要

2. 以前的单位没有提供　　3. 子女没交费

4. 本地没有开展城乡居民养老保险　　5. 缺乏相关信息

6. 其他(请注明)__________

1. 有→c. 是下面哪一种?　　ND1 c□

1. 城镇职工基本养老保险　　2. 机关事业单位离退休待遇

3. 城镇居民养老保险　　4. 农村社会养老保险

5. 其他社会养老保险

(不读)不清楚

ND2 a. 您是否有社会医疗保障?　　ND2 a ☐

0. 没有→b. 主要原因是:见答题板　　ND2 b ☐☐

1. 以前的单位没有提供　　2. 自己没钱上

3. 身体好没必要上　　4. 报销与缴费比例不合理

5. 不符合当地参保条件　　6. 缺乏相关信息

7. 本地没有开展城乡居民医疗保险　　8. 其他(请注明)__________

1. 有→c. 主要是哪一种?　　ND2 c ☐

1. 城镇职工基本医疗保险　　2. 公费医疗/劳保医疗

3. 城镇居民基本医疗保险　　4. 新型农村合作医疗

5. 其他社会医疗保险

(不读)不清楚

ND3 您是否享受了下列福利待遇?

	否	是	(不读)不适用	ND3	
A 集体经济收益分配	0	1	7	A	
B 集体养老补贴/高龄补贴	0	1	7	B	
C 老年优待(减免公园门票、乘车优惠等)	0	1	7	C	
D 居家养老补贴/服务券	0	1	7	D	

下面的问题与您的政治参与和政治态度相关:

NE1 a. 最近 5 年您是否投票选举过人大代表?　　NE1 a ☐

0. 否→b. 主要原因是:　　NE1 b ☐

0. 没有选民资格　　1. 当时有事　　2. 不知道有这件事

3. 当时不在选区居住　　4. 不想参加　　5. 受到阻拦

6. 其他(请注明)____________

1. 是→c. 以下哪种说法符合您投票时的情况？　　NE1 c ☐

1. 自己投票,尽力了解候选人情况　　2. 自己投票,主要是为完成任务

3. 让别人代投,把自己的意见告诉别人　　4. 让别人代投,选谁无所谓

5. 其他(请注明)____________

(不读)记不清